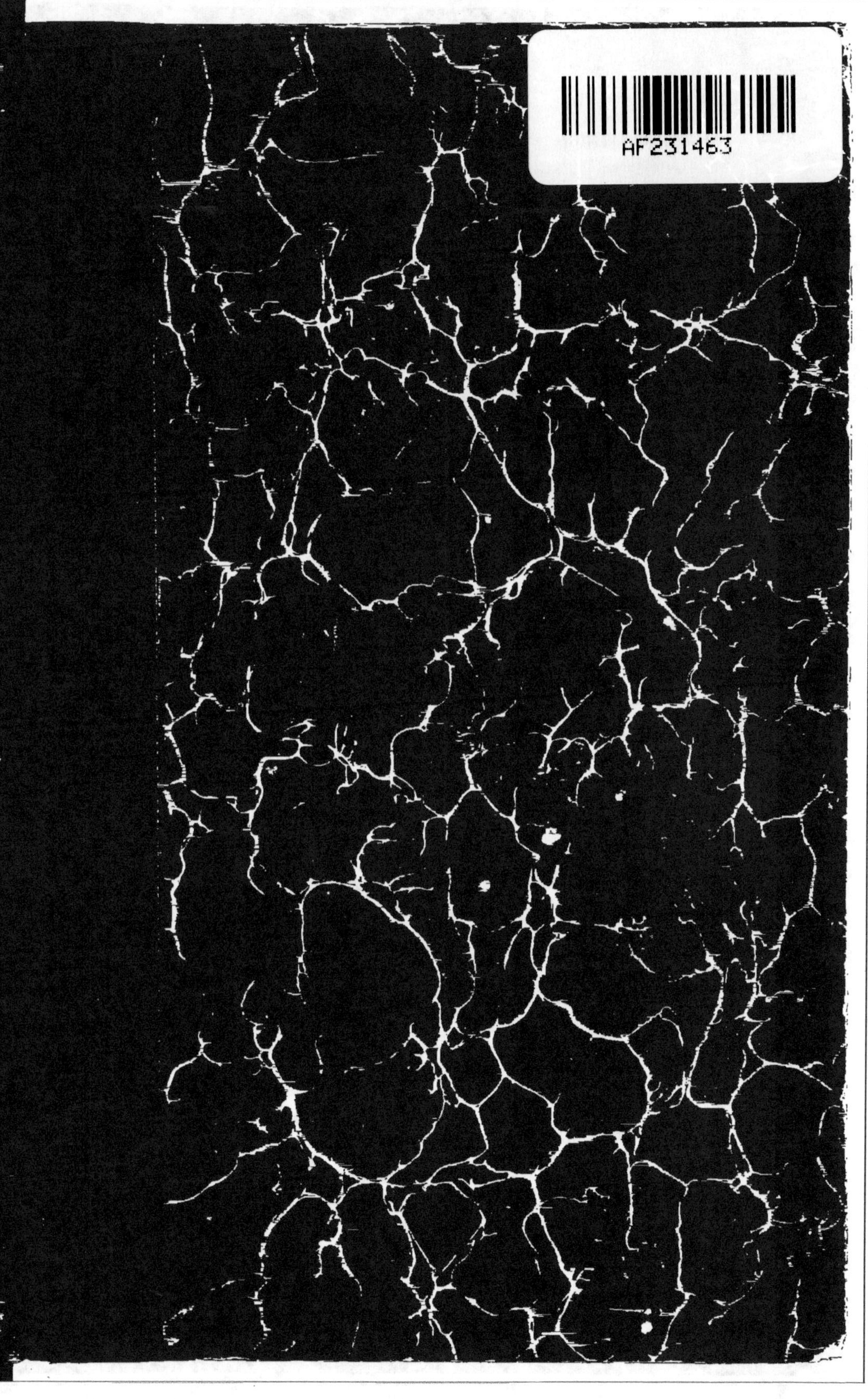
AF231463

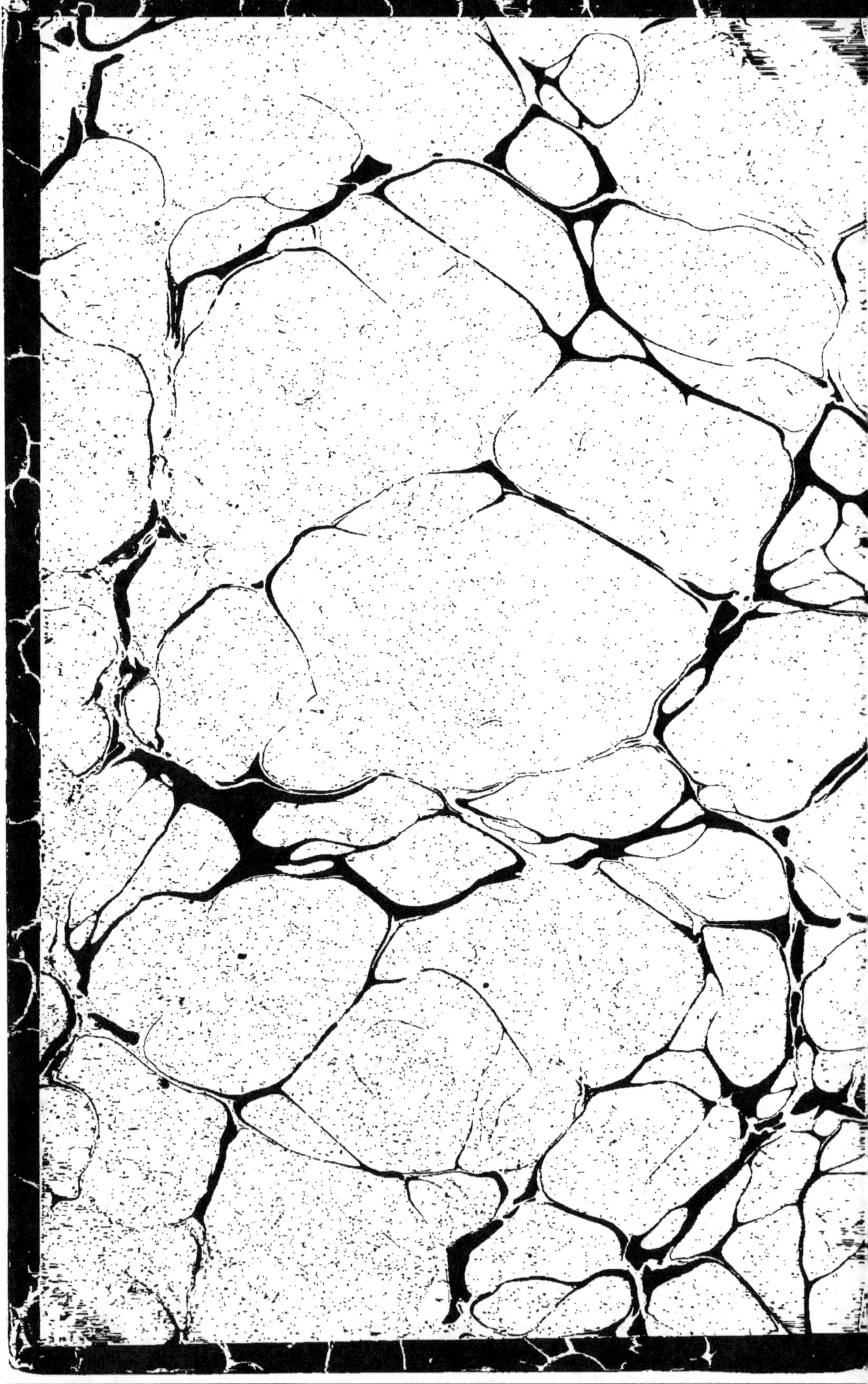

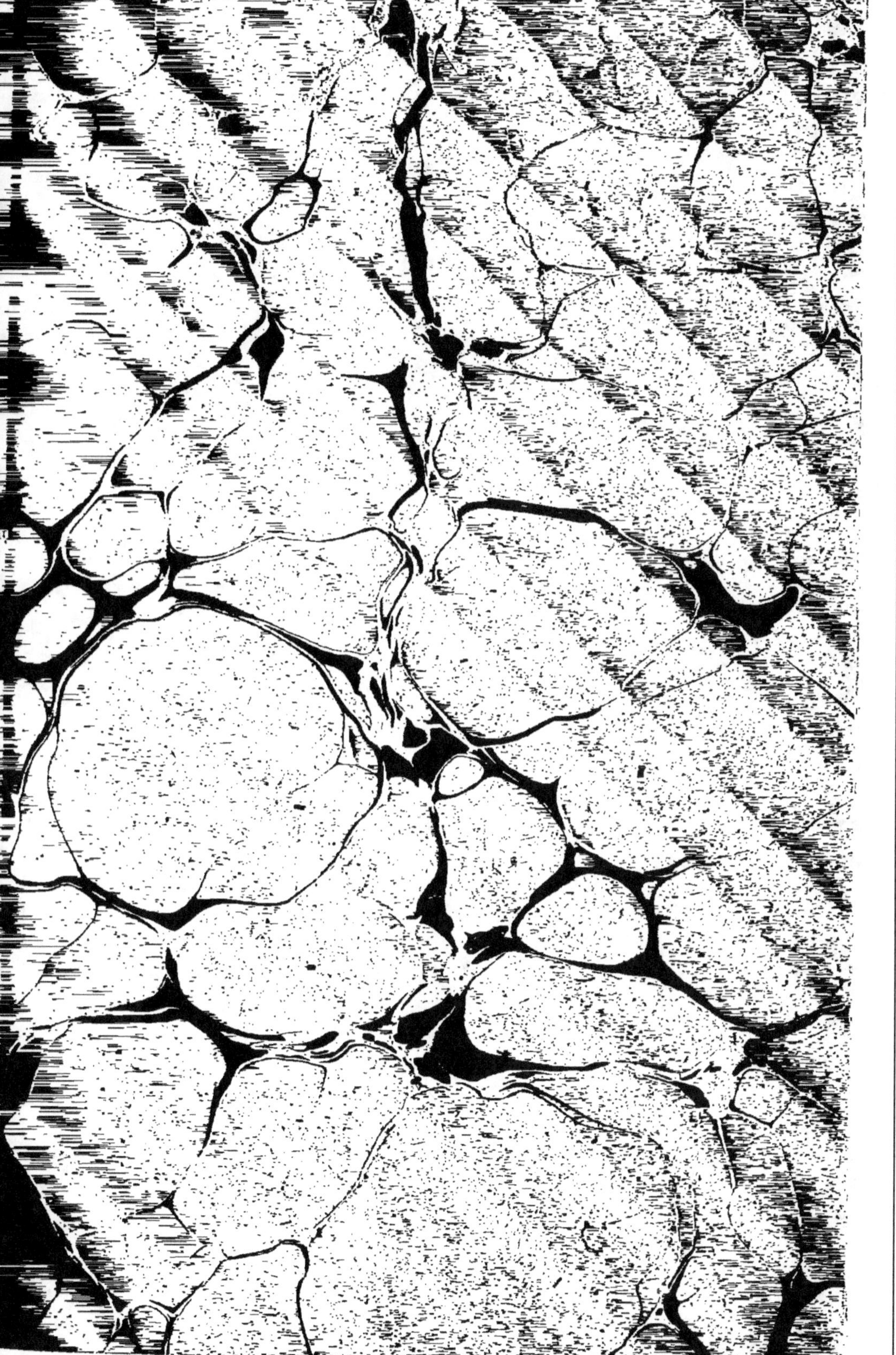

DEUXIÈME ÉDITION

# ALEXANDRE HEPP

# PARIS TOUT NU

PARIS — E. DENTU, ÉDITEUR, PALAIS-ROYAL.

# PARIS TOUT NU

ALEXANDRE HEPP

# PARIS TOUT NU

PARIS

E. DENTU, ÉDITEUR

LIBRAIRE DE LA SOCIÉTÉ DES GENS DE LETTRES

PALAIS-ROYAL, 15-17-19, GALERIE D'ORLÉANS

1885

# PARIS TOUT NU

## SON ALTESSE LA FEMME

J'ai reçu un volume tout fleuri sur la couverture, enguirlandé de pensées et de muguets et de myosotis ; exquisement frais, plein de poésie, de tendresses et de parfums.

Cette jolie chose est de M. Octave Uzanne et porte ce titre qui vous met du vague à l'âme, en même temps qu'un frisson joyeux sous la peau : *Son Altesse la Femme.*

Rien qu'à rêver sur ces quatre mots, c'est magie.

Les charmes légers, les grâces frêles, et les sourires, et les très douces faiblesses, tout ce qui est leur puissance et leur secret, tout ce qui les fait petites délicieusement, tout est conté là, ou mieux chanté.

La femme qu'ont adorée les siècles évanouis, où

la Vérité était la seule vierge, en ce vaste univers,
qu'on aimât voir un peu vêtue, comme disait le che-
valier de Boufflers ; celle chez qui un rayon de lune
danse dans l'esprit ; celle qui sait demeurer avec des
finesses spirituelles simplement femme, douce et
vaillante cependant, forte et tendre, c'est celle-là
qu'évoque amoureusement ce livre d'idolâtre.

Son Altesse ! Ah ! cela fait pourtant drôle d'effet,
à cette heure !

Son Altesse la Femme, où est-elle ? Où lui rendre
hommage ? Où la chercher ?

On la cherche et on ne la trouve plus, — et ce pauvre Uzanne a l'air d'un vieux, lourd de cent ans, et
attardé encore à parler d'une ci-devant !

Dans les mœurs d'aujourd'hui, la femme prétend
n'être plus Son Altesse ; elle a abdiqué, elle a soufflé
sur son auréole.

Elle descend dans la rue, elle fait le coup de revolver, elle manie le vitriol, — et on lui jette pour cette
besogne des bottées de roses, et il n'est pas assez
d'éloquence, d'encre et d'épiciers émus pour l'acclamer.

Son Altesse la Femme, la voilà qui passe dans sa
tenue de maintenant : c'est cette doctoresse, c'est
cette politicienne, c'est ce bas-bleu, c'est cette héroïne d'assises, c'est la petite Dédèle à son petit
Trublot.

Son Altesse parle d'émancipation et de démocratie,
de leçons à donner aux magistrats et de corrections

à infliger à la Loi ; elle est l'*Amie du Peuple* et la *Mère Duchesne*.

Eh bien ! non, je ne veux pas accepter que ce soit là l'idéal, l'ère nouvelle.

Un drame s'est déroulé cette année qui a passionné Paris ; je l'ai suivi avec une émotion grande et une pitié profonde ; j'étais de tout cœur pour l'acquittement de la malheureuse femme...

J'ajoute même que je n'éprouvais, devant cette violente entreprise, aucune de ces tristesses particulières dites d'un bon citoyen.

Souffrir depuis dix-huit mois, à toute heure ; voir l'œuvre et la haine abjectes d'un mouchard grandir toujours, presque impunément ; recevoir sans trêve des cartes, des lettres. des dépêches infàmes ; jeune fille, femme, épouse, mère, être salie à la fois dans tout ; et ne pouvoir rien contre cette lâcheté horrible ; et ne prendre jamais, la main dans la boue, l'ignoble calomniateur, et mourir lentement de cette angoisse, — ce long martyre, — il n'est pas d'autre mot, excuse, efface et rachète.

Il y a un an, dans un coin de campagne, Clovis Hugues et moi nous causions d'*à Rebours,* le livre nouveau de J.-K. Huysmans et le poète me disait :

— Moi, je suis devenu comme le Des Esseintes de la calomnie ; j'ai appris à l'analyser, à la flairer, à la retourner ; j'en pourrais faire des classements à la Cuvier, je sais sa quintessence et ses figures subtiles.

Et puis brusquement: « Ah! nous sommes trop malheureux! »

Encore un coup, je respecte cette douleur poignante et je la plains sans phrases.

Mais si l'attentat, pour mille et mille raisons se peut expliquer, la défense est inadmissible, dans son enthousiasme.

Voilà une vraie femme, à la bonne heure, il en faudrait beaucoup de cette trempe, *bravo!* s'est écrié le boulevard, tout au long, en son joli langage.

Et c'est là précisément que je m'insurge, cette interprétation n'est pas mon fait.

Nous avons pris sur la femme d'étranges théories ; par je ne sais quel culte, — tout de convention, pour l'aplomb et pour la force quand même, — nous sommes arrivés à rêver des muscles et des vertus hommasses chez cet être qui n'a valu jamais que pour sa fragilité et ses larmes.

Plus il donne démission de son sexe, plus il compte.

L'Eve moderne doit avoir appris à épingler un carton sur l'écorce du pommier et à faire mouche; elle doit avoir lu Darwin et Claude Bernard ; elle doit gronder et frapper dans la mêlée, elle l'enfant malade et douze fois impure, elle doit dompter, elle qui ne règne qu'esclave.

Nous approchons ainsi de cette suprême déroute ; la société sans le secours d'une faiblesse, sans la consolation d'un dévouement humble, discret et doux.

Cette mode où nous sommes de poser la femme en lutteuse, de la proclamer utile et grande sitôt qu'elle sort de cette obscurité tranquille et sereine où résident son pouvoir et ses bienfaits, c'est encore une des maladies de ce temps.

Impuissants et nerveux, nous avons l'obsession de la force brutale et ne rêvons que biceps, massue et coup de poing.

C'est en son plein, la légende effroyable du Nain poursuivi et persécuté par l'image d'Hercule.

Toute cette belle ambition de changer nos femmes en Amazones ; M. Charcot en connaît, et aussi le docteur Legrand du Saulle.

Elle sévit dans la brochure, dans le livre, dans la tribune, au théâtre. M. Octave Feuillet des premiers a montré de ces héroïnes bâtardes aux allures dégagées : il est un des pères renommés de cette génération de femmes extraordinaires, il les a lancées avec un peu de Musset autour ; Dumas fils les a « théorifiées » — et la plaie s'est étendue.

Maintenant, sous prétexte de marcher en avant, on recule : c'est le progrès à l'écrevisse.

On se couvre de grands mots et on se targue de compagnonner avec la vérité MODERNE, la seule, l'unique, la vraie, comme on sait...

J'ai pourtant comme une idée que la vérité se résume tout entière dans le titre imaginé par mon ami M. Octave Uzanne, — *Son Altesse la Femme*.

Demeurant ignorante, avec entêtement, des mesquineries sales de la vie, fermant les yeux quand même et passant au milieu de ces choses comme l'héroïne du Sonnet d'Arvers ; dédaigneuse, avec la conscience qu'elle remplit son devoir, qu'elle est l'Espérance, le Bonheur, l'Amour, la Famille, — la femme est et vit ce qu'il y a de meilleur et de plus pur.

Elle reste tout bêtement ce que la nature l'a faite ; elle répond à son destin, et toute petite, elle est encore supérieure.

La popularité la diminue, la Rue ne lui sied point...

Je suis réactionnaire lorsqu'il s'agit de maintenir la femme en haut, — et vive Son Altesse !

# LA BONNE SAPHO

Alphonse Daudet a donné dans *Sapho* une œuvre magnifique, — et j'arriverais bon dernier pour la célébrer : aussi, n'est-ce pas mon admiration que je veux dire, mais une petite idée de derrière la tête.

« Pour mes fils, quand ils auront vingt ans, » écrit Daudet, et il leur dédie le spectre de Sapho, les os de Gaussin.

Il les supplie tout bas de se rappeler, au bel âge, l'horreur de ces liaisons, la boue de ces ménages clandestins, cet acoquinement irréparable, — cette colle de Nessus...

La leçon est d'une moralité criante : mais combien elle serait plus terrible, si Sapho n'était pas la Sapho qu'elle est !

Pour se livrer entier à cette fille, il faut être un

Gaussin, c'est-à-dire exceptionnellement bête, et gogo amoureux à souhait.

Cette fille, tout banalement bestiale, tombée jusqu'à un forçat, devenue chose à baisers, — et sujet de « nu » pour garnitures de cheminées, cette fille-là n'est pas dangereuse.

Elle chante trop adorablement « m'ami »; elle étale trop son âme vénérienne, elle aime avec trop de passion, de poésie, de clair de lune, pour être celle qui demeure incurablement, — celle qui fait médire du lierre, parce qu'elle s'attache comme lui.

La fille n'a jamais été redoutable : la Dame aux Camélias effeuille son amour, — mais sur tous.

L'ennemie, ce n'est pas la bohémienne, la femme aux nuits vagues et inquiètes, celle qui parle du passé, de ses amants, et qui a tout un coffret de vieilles lettres à offrir aux flammes. Celle qu'Alphonse Daudet aurait dû représenter comme un épouvantail, c'est celle-là même qui vous prend petit à petit, vous enveloppe dans le bien-être et fleure bon l'honnêteté.

Ce n'est pas le beefstaeck brûlé, jeté à la diable sur le gril, — c'est le parfait rôti qui peut être à craindre.

La fille qui improvise chaque matin le déjeuner et vous jure qu'elle est fidèle, — c'est la vie de garçon : la femme impeccable, méritante, douce et grave, — c'est la Vie tout court.

La *Vieille Maîtresse* ne compte que pour les nerfs, l'épiderme, le nid : la *Maîtresse légitime* compte pour des années de devoir accompli, d'affection, de bonheur calme échangé.

Et c'est précisément parce qu'elle a cette souveraineté indiscutable : ce droit acquis, — non pas à la passion, mais à la reconnaissance ; cette suprême fortune de donner parfois à l'homme l'espoir et le réconfort en pleine bataille, qu'elle est celle qui lie pour l'existence entière, — celle dont j'admets qu'il faille écarter les faibles.

Mais vis-à-vis de *Sapho*, nulle dette. Elle est pour la consommation générale.

En s'asseyant à sa table d'hôte, on a le droit de se conduire comme un simple Major : tant pis pour celui qui fait l'Eliacin.

Le Gaussin, dans la réalité, n'est qu'une exception ; une rupture avec *Sapho*, c'est chose naturelle, aisée, consentie même à l'avance. Pour montrer dans toute leur portée ces liaisons en dehors des lois, — et bien plus heureuses souvent que si la loi avait pontifié, il fallait montrer cet ingénu de Gaussin en lutte non pas avec une Sapho, mais avec une Pénélope !

Daudet, en dédiant son admirable livre à ses fils, a l'air de leur dire :

— Chers enfants, voltigez, bourdonnez, butinez, soyez du tout-Bullier, — voire du tout-Montmartre ; changez de main, comme on dit au manège, et allez-y plus tard, mes bons, très fort, çà et là, dans

1.

le tas du panier ; mais sans choisir, sans vous fixer, sans préférence !

Allons, vous ne me ferez pas croire, cher poète des *Amoureuses*, que vous n'avez jamais rencontré l'« amoureuse » par excellence, celle qui s'impose, celle qui est la sans seconde !

Il ne faudrait pourtant pas monter le coup aux petits Daudet !

D'ailleurs, je ne sais pas au précis jusqu'à quel point votre théorie, ô moraliste ! est morale et admissible. Il y a des natures qui se refusent à courir de droite à gauche, qui se sentent même le dégoût de ces nuits conquises aux hasards de la belle étoile d'amour et de l'amour en boutique.

Vous admettrez, n'est-ce pas, qu'au surplus, cela n'est ni très gai ni très rassurant de s'en aller braconner, les yeux clos et la main à la poche, sur les terres de M. Alphonse, de M. Charcot et de la préfecture de police ?

Ce qui peut arriver de plus heureux à ceux qui cherchent l'amour entre la Sorbonne et l'École de Droit, entre le oui d'Hippocrate et le non de Galien, c'est de tomber précisément sur une de ces Sapho que vous accablez !

La Sapho de Gaussin que Daudet couvre d'imprécations, mais c'est le pain bénit !

On la rencontre dans un atelier, on lui fait monter ses quatre étages, on l'emmène même à Chaville, — ce qui n'empêche pas de lui crier après, si l'on veut rester libre : « Vendanges sont faites! » Elle n'a rien à dire, elle vient du hasard, — et elle y retourne.

Le grenier de Béranger est une vieillerie, mais Lisette est toujours là : *Sapho*, c'est une Lisette vicieuse, sur le retour. On expédie cet objet *franco*.

Il n'y a pas là de quoi renoncer, comme Gaussin, à la fraîche et jeune fille entrevue un matin; à celle qu'on aime et qui est l'horizon, l'avenir large ouvert.

Ce Gaussin est un être pitoyable. Au lieu de crier à ses fils : « Défiez-vous des Sapho! » Daudet aurait dû leur dire : « N'ayez jamais d'autres maîtresses, puisqu'il en faut, que des femmes comme celles-là! »

Avec elles, au moins, la situation est nette, déclarée, sans engagements. On ne s'attarde, dans ces ménages, que parce qu'on le veut bien; la faute n'en est pas à la femme, ce n'est pas sur elle que retombe la culpabilité!

Impossible de plaindre ceux qui, comme dans la comédie de Pailleron, s'encroûtent au terme de leur voyage de plaisance.

Pour prouver avec efficacité et équité que les liaisons irrégulières peuvent être néfastes, Daudet, au lieu de montrer son Gaussin aux prises avec cette bonne fille de Sapho, aurait dû le faire voir, magistralement comme il sait, entre les mains d'une M^me Marneffe dans ses premières crises, — ou d'une

Marguerite, dans la première et troublante fleur de
la faute !

Quel retentissant plaidoyer, alors, et quelle éloquence dans cette dédicace aux petits Daudet, qui
en sont encore au *b-a ba* et aux joujoux brisés —
par bonheur !

# LE LIVRE DE LA REINE

Peut-être se souvient-on de ce livre curieux, et si malicieusement français : *John Bull et son île ;* l'Angleterre a répliqué par un pamphlet grossier ; cette chose s'appelle : *la Voisine de John Bull vue sous son véritable jour.*

Notre vrai jour, où l'auteur l'a-t-il vu ?

Je me suis demandé, en parcourant ce somptueux étalage de bêtises et de calomnies, si cet observateur profond, ce studieux philosophe, qui se vante volontiers de nous connaître au bout des doigts — et jusque sous les ongles, n'est pas tout simplement un touriste à la petite semaine, quelque encaqué des arrivages Cook.

Au portrait qu'il donne du Parisien, on a dû lui

faire prendre M. Erlanger pour le duc de la Rochefoucauld et M. de Blowitz pour un Français.

Il est allé rue Montyon, et il en est revenu sans doute avec cette idée que les Françaises ont une drôle de manière de gagner les prix de vertu.

Il est allé faubourg Montmartre, et en voyant ces messieurs opérer si tard, il a noté que la journée de travail en France commence à une heure impossible, que cette nation est d'une scandaleuse fainéantise.

La France est perdue, on y voit des gens se rafraîchir la bouche après dîner, on y met du sel sur les épinards, on n'y comprend que les pommes frites.

En littérature, tout est pourri, en art tout veule, en industrie tout bancal, en politique tout falsifié.

Paris est l'auberge du monde, que disait Hector Malot ; le Français est incapable d'une idée sérieuse, d'une clairvoyante générosité, de courage, de belle vertu, de beau vice même. Quant à la Française, elle est vieille avant l'âge, paresseuse, jaune comme du safran et alourdie par la graisse...

Pour un peu, le Saxon dirait qu'elle a la poitrine — à la mode de Caen !

Elle ne sait ni penser avec conviction, ni écrire avec charme, ni lire avec intelligence, ni rêver ; elle est terre à terre, des soins ridicules la préoccupent, elle regarde la vie bêtement.

A lire ce portrait des femmes de chez nous, on dirait des oies, — qui par instants seulement savent piailler la romance à Monsieur !

Je ne voudrais pas rendre portrait pour portrait ;
la tâche serait trop aisée : je recommande simplement aux femmes de France la lecture de certain
livre qu'on m'adresse, elles trouveront là une petite
satisfaction.

Ce livre est d'une Anglaise ; et non pas de la première pauvre miss venue, mais de l'Anglaise souveraine, de celle-là même qui doit résumer en sa personne auguste tout ce qu'il y a de grandeurs, de
qualités, de vertus anglaises...

J'estime que la plus orgueilleuse des sujettes de la
reine Victoria ne jugera pas indigne qu'on la croie
faite à son image. Cette image des femmes anglaises,
j'ose le dire, n'est pas pour excuser, chez le pamphlétaire de là-bas, son dédain des femmes de chez
nous.

La reine Victoria vient de publier son Journal, la
relation d'un voyage en Écosse, voyage en quelque
sorte commémoratif, puisque la reine l'a entrepris
en souvenir d'une excursion faite avec le prince
Albert. Quelles sont donc les rares préoccupations,
les pensers magnifiques, les transcendantes supé-
riorités de cette reine, en qui j'ai droit d'incar-
ner respectueusement toutes les Anglaises albion-
nantes ?

Dans ce superbe volume, je cherche en vain une
observation, une réflexion remarquable, un tableau
de nature, un coin d'âme, — quelqu'un de ces traits
marquants qui imposent l'admiration : il n'y a rien

là qui me fasse prendre en pitié les femmes de chez
nous, rien qui les humilie, les écrase.

Ces notes intimes nous montrent une femme
qui a les talents et le mérite du bon ordinaire.
Cette Majesté ne conçoit ni ne sent majestueuse-
ment.

Tout le long de ces excursions de montagne, ce
sont des détails sur ses enfants, étalés à profusion,
— mais sans cette adorable éloquence de la petite
mère française.

La reine a peur, la nuit, en voiture : elle s'avoue
même nerveuse — elle, la souveraine de ce pays
pratique et sain, où les femmes, affirme John Bull,
n'ont pas besoin d'un Charcot !

John Brown est chanté dans ce livre, surtout
parce qu'il était un ponctuel domestique à tout
faire ; on constate là, plus de cent fois, avec admiration, « qu'il servit le dîner et conduisit la reine
à son gré ; » il était sublime parce qu'il s'entendait à étendre à point, sur l'herbe, le plaid royal,
et courait chercher la bouilloire à plusieurs milles.

La question « rosbif » n'est d'ailleurs pas négligée
dans le Journal de S. M. Victoria, et parfois le souvenir du regretté prince consort est bien anglaise-
ment mêlé à quelque page reconnaissante en l'honneur d'un savoureux déjeuner.

Quel beurre, quelle crème, quel excellent haggis !
s'écrie la reine au château d'Athole : et aussitôt la
pensée que le cher mari eût apprécié tout cela!

La mémoire du prince Albert revient bien dans ce livre avec une touchante fidélité :

Mais il n'y a pas jusqu'à la Chambre à coucher, avec ses tapisseries fanées, son lit de soie verte « et le misérable cabinet dans lequel la reine faisait sa toilette de nuit » qu'Elle n'évoque pieusement.

Si une Française, en écrivant un livre de souvenirs, s'était attardée à ces souvenirs-là, le Tout-Shocking se serait voilé la face et aurait crié que nous sommes incapables d'aimer avec le cœur seul.

La reine apparaît tout uniquement comme une femme dans ce livre où elle se plaint encore, ayant six enfants, d'être seule au monde — et de n'avoir plus sa mère !

Parmi les femmes de France, j'en sais plus d'une qui n'est pas inférieure à cette reine ; nous avons de ces vertus et de ces talents : pour être plus dans l'ombre ils n'en sont pas moins.

S. M. la reine Victoria est une des plus nobles figures de ce temps : mais je ne vois pas que cette pensée en qui toutes les femmes d'Angleterre ont à honneur de se personnifier soit d'une envergure telle que nulle *voisine* n'y puisse atteindre.

Les femmes de France reconnaîtront dans les douleurs, les piétés, les charités, « les féminilités » du Journal d'Écosse, plus d'une des leurs propres.

Et si je ne me défendais pas de faire ici de la critique de lèse-majesté, j'ajouterais qu'elles n'y tr veront pas quelques-unes de leurs vives et spirituelles qualités...

De celles qui éclatent dans le moindre feuillet d'un cahier bleu de jeune fille, dans le moindre récit d'une expédition de Parisienne à Asnières.

Pour juger l'écrivain du Journal d'Écosse par ses pairs, je devrais dire que S. M. d'Angleterre n'a pas la toute-puissante grâce que la grande Catherine mettait dans cette lettre célèbre sur son petit-fils ; qu'elle n'a pas non plus cette philosophie délicate de la reine de Roumanie, l'auteur des exquises *Pensées de Carmen Sylva.*

Mais que les femmes de France lisent cette œuvre de la reine Victoria : elle sera pour elles toute une réhabilitation en Angleterre...

Car la souveraine s'y montre précisément avec ces seules qualités dont le pamphlétaire anglais nous a fait de grotesques défauts.

# A MA FUTURE BELLE-MÈRE

Le divorce triomphe, madame. M. Naquet a jeté
son cri de joie et a montré, en toute justice, l'orgueil de l'œuvre accomplie ; si je reviens pour un
détail sur ces mémorables journées du Sénat, qui
ont décidé du nouveau régime matrimonial, si je me
sens aujourd'hui un peu mal content et inquiet,
c'est en songeant au sort où vous voilà réduite,
maintenant, c'est pour vous, belle-mère !

Vous avez lu, n'est-ce pas ? qu'une simple maîtresse, non plus sous le toit conjugal seulement,
mais dans n'importe quel nid d'acajou ; non pas
officiellement de toute la main gauche, mais seulement sur le pouce, en passant, un soir de mai,
de carnaval ou de dîner d'amis, donne à la femme
le droit de briser tout.

Pour une piqûre au contrat, pour une fantaisie bien excusable chez l'homme en général et chez le chroniqueur en particulier, je suis pieds et poings liés, à la merci de celle que vous appelez encore, délicieusement, « votre petite ».

Certes, je n'apporterai pas en ménage le dessein d'une conduite déplorable ; j'apprécie comme il convient la promesse du foyer joyeux, d'une femme qu'on aime doucement et de la félicité calme parsemée d'enfants ; mais cette idéale perfection du bonheur n'est pas, ce semble, pour l'homme qui n'est pas parfait.

Les habitudes et les exigences de notre misérable espèce sont telles ; il y a parfois pour nous tant d'utilité, de moralité, sinon de plaisir, à ne pas nous livrer tels que nous sommes, avec nos énervements, nos caprices, nos perversités, avec les folies acquises de la vie de garçon, que prendre la maîtresse d'un instant, celle à qui l'Amour s'en va demander une douche, la maîtresse par hygiène ou thérapeutique, n'est pas cas pendable...

Pour un peu, j'ajouterais que c'est là le fait d'un mari plein d'amour élevé, plein de respect et de souci pour la dignité du mariage : rien de ce qui est humain ne lui est étranger, même il a contracté le savoir de ce qui est en dehors de la bonne et saine nature, — et il consigne pourtant toute cette expérience, cette brûlante exagération, ce resssouvenir des ardeurs qu'il ne peut encore dominer, à

la porte de sa femme, de celle qu'on rêve chaste-
ment ignorante et toute bourgeoise dans la vertu, —
comme dans l'amour...

Il fallait vous donner cet aperçu, et si je l'ai osé,
belle-maman, c'est que je vous sais femme de tête
et de cœur : c'est-à-dire que vous allez entendre la
situation faite à toutes les belles-mères d'aujourd'hui.

Prenons un Parisien quelconque ; il est heureux
en ménage, et son pot-au-feu bouillonne, — quand
soudain, la crise fatale se déclare ; il sort un soir, il
rentre, et tout est réglé, remis en ordre. La femme
cependant, pour cette excursion dans l'Amour vague,
a le droit de lui fermer la maison, de lui interdire
cet intérieur où sont ses affections et ses pensées,
où est sa vie entière !

Il est ainsi condamné, exécuté par la main de
celle-là même qu'il a voulu épargner, de celle dont
il a pensé ménager les timidités exquises et les faiblesses intimes !

Elle, la petite, ne peut comprendre, et elle crie
qu'elle est outragée, blessée au cœur, trahie pour
une créature indigne, — quand l'usage fait de cette
pauvre créature est précisément un hommage profond, saisissant, à ces délicatesses, à ces précieuses
et nobles vertus, à tout ce qui est dans elle la maternité en fleur.

Eh bien ! belle-maman, qu'arrivera-t-il ? C'est que
l'homme ne fera plus cette différence entre la maîtresse et la femme.

La bonne tenue du mariage y gagnera en apparence, les mœurs en prendront un joli ton. Le conjungo paraîtra au dehors plein de béatitudes et d'idylles, — au fond ce sera la confusion lamentable, la déchéance, l'enfer.

Je vois d'ici cet âge bienheureux que quelques-uns ont devancé déjà, où forts de leurs droits, de leur fidélité aveugle, les maris passeront outre, quand même, à toute heure ; où le docteur Guyot écrira en l'honneur de l'amour expérimental non plus un *Bréviaire* dédié aux époux, mais un véritable traité de gymnastique ; où la femme risquera de n'être plus que Sapho légitime.

Belle-maman, c'est ici que je vous plains, c'est ici que se présente un devoir scabreux.

Désormais, au lieu de dire à l'enfant qui vous quitte :

— Ma chérie, aime bien ton mari, sois-lui indulgente, sois une brave et honnête femme attachée à maintenir tout ce qui est élevé, consolant et doux.

Voici quel sera votre devoir : — Ne refuse jamais rien à ton mari, direz-vous ; devine avant tout ses faiblesses et cultive-les avec art ; néglige d'être sérieuse, utile, dévouée, il s'agit d'être amusante, bonne fille et tête à l'envers, le reste ne compte pas.

A ce jeu, l'état de belle-mère devient digne d'une pitié profonde ; assez de railleries, assez de lazzis faciles, — la belle-mère est réhabilitée par les obligations qui l'attendent aujourd'hui.

Belle-maman, si la petite est bien pour moi, je vous dispense avec enthousiasme de cet enseignement.

Mais, dites-moi, ne sera-ce pas pour vous un autre sujet d'inquiétude, cette pensée que pour un moment d'oubli la petite peut briser l'union conjugale? Quoi! elle ne sait rien de rien, — c'est pourquoi je l'aime, c'est une tendrette, — et on lui laisse entre les mains cette arme épouvantable!

Vous vous effrayez de ce danger, vous faites bien, il est grand. Mesurons-le.

Échappée de la maison le cœur plein de bleu, la petite se trouve brusquement dans la vie : une première désillusion, un semblant de chagrin la jettent à l'extrême, et alors la voilà qui d'un tour de main, inconsciente, fait s'écrouler ce ménage où, après la faute inoffensive du mari, il y avait place encore pour le bonheur qui ne se construit qu'à la longue.

Que devenons-nous tous trois dans ce dispersement?

Vous, belle-maman, vous recueillez l'émancipée, mais vous ne pouvez rien, vous êtes insuffisante maintenant; et, elle demeure libre et grisée dans cette liberté qui peut la perdre; moi, je boucle ma valise, et adieu; je n'ai personne pour remplacer ma femme que j'estime et que j'aime. — Quant à cette maîtresse d'une minute, je ne la connais pas, je ne sais où elle est occupée, elle ne m'est rien.

Pour produire une pareille catastrophe, pour ame=

ner des angoisses et des souffrances si imméritées, la petite n'aura eu qu'à se souvenir un matin d'un héros de roman ou des beaux songes impossibles où elle s'attardait, en jouant Chopin, comme elle sait.

Nous sommes donc enveloppés dans ce dilemme :

Ou ménager nos femmes, — les garder précieusement chastes, leur rendre ce que le docteur dont je parlais plus haut appelle le correct et pur devoir, et risquer, en nous servant d'une maîtresse de hasard, de voir détruire en un jour toute la félicité rêvée.

Ou faire de nos femmes d'élégantes détraquées, des curieuses et des inquiètes dont l'œil se trouble, des quêteuses de sensations, et maintenir à ce prix pour la galerie la respectability officielle du mariage.

Eh bien ! bonne maman, que me conseillez-vous ?... Non, plutôt, je ne veux pas vous demander de conseil...

Dites seulement à la petite : s'il fait comme ton père, tu seras heureuse ! Et le papa beau-père...

Mais vous savez bien, belle-maman, ce qu'il raconte après dîner !

# LE MERLE BLANC

Dans une lettre de Cavour à Victor-Emmanuel, publiée récemment, je relève un trait qui marque tout particulièrement cette philosophie du mariage des princesses que le grand ministre adressait à son roi.

Il s'agit du prince Napoléon, prétendant à la main de la princesse Clotilde. Le choix souriait médiocrement à Victor-Emmanuel qui hésitait à sacrifier sa fille aux intérêts de l'État ; mais Cavour insistait : le cœur du prince est bon, disait-il, la constance dont il a fait montre soit envers ses amis, soit envers ses maîtresses en est une preuve sans réplique. Un homme sans cœur n'aurait pas quitté Paris pour aller faire une visite à Rachel qui se mourait à Cannes, et cela quoiqu'il se fût séparé d'elle quatre années plus tôt...

J'apprécie fort cette manière de faire compter les maîtresses à l'actif du fiancé.

Cavour, en grand politique, savait que les meilleurs maris se forment souvent dans les folies de la jeunesse et que rien n'est plus sournois que le merle blanc.

Avec le prince Napoléon il n'a pas eu raison précisément, — mais la vie est là qui dénonce le merle blanc aux méditations des mères.

Ne rien savoir, — pas même en théorie, n'est guère une recommandation quand il faut en savoir long pour deux...

Le merle doit avoir appris à siffler gentiment, sur tous les tons, avant d'entrer en cage ; il peut même avoir éparpillé quelques-unes de ses plumes, de branche en branche : cela lui donne l'air sérieux, respectable.

Oui, certes, le merle a le droit d'être chauve : ainsi au moins il sait apprécier ce qui lui reste et le faire valoir — ce qui le servira mieux, en bien des cas, que de belles ailes toutes neuves, avec lesquelles il peut ne pas réussir à voler...

Cavour et Labiche se rencontrent pour affirmer cette vérité. Je ne suis pas loin d'accepter qu'une vieille maîtresse est une excellente référence pour le mariage : non pas celle de Barbey d'Aurevilly à laquelle on retourne, mais la bonne fille avec qui on a découvert, simplement, que le cœur bat, et que l'existence sans bêtises est encore plus bête.

Au lieu de s'en aller quérir Tricoche et Cacolet, et le notaire du coin et le pharmacien et les créanciers, le futur beau-père ferait mieux de taper amicalement à la française, sur l'épaule de son gendre futur, et de lui glisser à l'oreille : Eh bien ! voyons, irrésistible gredin, à laquelle faut-il s'adresser pour avoir des renseignements ?

La maîtresse est plus en situation d'offrir le renseignement exact, étendu, multiple ; elle a vu le sujet sous toutes ses formes, les physiques pour son plaisir, les morales quelquefois pour son chagrin.

Avec les unes et les autres, elle vous connaît son homme, sûrement, et le livre aux réflexions du beau-père, qui dans cette négociation doit être singulièrement habile. Grâce à ce système, aucune surprise : bon amant, généreux et gai compagnon, le prétendant a des chances plus nombreuses d'être bon époux et bon père.

Quoiqu'on supporte plus de choses chez sa maîtresse que chez sa femme, — c'est au moins là ce que démontre la vie, — s'il a su endurer les petites vexations, les ennuis, les énervements de la chaîne de fleurs, il y a gros à prévoir qu'il ne se rebiffera pas dans le conjungo. A-t-il soigné M<sup>me</sup> Cardinal souffrante, il aura pour sa belle-mère d'autant plus d'égards et d'attentions minutieuses. Tandis que le merle blanc, lui, ne se doute pas de l'envers des choses, — lui, qui soupçonne à peine l'endroit...

Ce brave petit animal ne sait même pas se défendre quand on l'attaque ! Il a une innocence, un sourire charmant, une gaucherie pure qui fait le malheur de la maison. La jeune fille joue avec lui, et ne le prend pas en maître, — avec cet adorable instinct des mignonnes pécores qui devinent tout de suite à quel oiseau elles ont affaire. Donc, si ce pauvre merle paraît désorienté, dans le ménage, et maladroit, si elles se doutent qu'elles ne peuvent compter sur lui, elles laissent là le merle infortuné, — et courent aux grives.

Et puis, à quoi bon être merle blanc, quel honneur à cette originalité, quelle satisfaction ? Les hommes qui savent la vie peuvent, s'il le faut, pour séduire et charmer leur femme, se refaire une virginité de cœur et d'esprit et redevenir merle blanc — à bien peu de choses près ! Mais, nos jeunes filles n'en sont plus là : elles-mêmes ne se gênent guère pour déclarer le merle blanc ridicule, hors de saison, fossile, — et il en est qui volontiers, avec Cavour, tirent vanité ou bel espoir des maîtresses oubliées par leur mari, à la porte du ménage !

Le sceptre du mari, dans son intérieur, c'est un balai rôti : ainsi le rêvent les vierges !

# VERTU BELGE

Il est, près de nous, un royaume digne du prix Montyon ; aucune pensée mauvaise ne l'a traversé ; il est pudique, il est austère dans ses écrits, — jamais même il n'a songé à demander au latin de quoi braver l'honnêteté...

Il est tout embaumé d'un parfum de fleurs d'oranger ; il donne l'exemple de mœurs célestes, ses presses n'ont imprimé que livres chastes et graves, ses artistes n'ont pas fait un accroc à la feuille de vigne, depuis les temps les plus reculés jusqu'à nos jours... Oh ! n'est-ce pas qu'on a reconnu déjà la Belgique !

La Belgique seule, possède de ces trésors d'innocence, elle est pure comme un pays qui vient de naître, sa Muse ignore qu'il est de par le monde, des alcôves, elle tient encore dans les mains toutes les roses du Bois sacré.

C'est du moins un Belge qui l'assure, et, solennellement, en plein Sénat.

M. le sénateur Lammens vient de laisser tomber, là-bas, cette éloquente parole : « Sur cent mille volumes que produit la presse parisienne, il y en a quatre-vingt mille qui ne sont pas pour les honnêtes gens : les écrivains français empoisonnent la Belgique ! »

J'avais pensé toujours que la Belgique est assez grande fille pour s'empoisonner toute seule ; même, il me semblait qu'elle n'était plus empoisonnable, elle qui jouit de ce sympathique Mithridate : Kistemaeckers !

Il faut avoir eu la fortune de rencontrer Kistemaeckers à Paris, courbé sur la récolte des livres vénéneux.

Non seulement il moissonne fiévreusement chez ses confrères, mais il a ses plantations à lui : il a les friches Paul Alexis, la propriété Bonnetain.

Et il va, de l'Odéon à Tortoni, infatigable semeur, avec au flanc une sacoche pleine de semence d'or, implorant d'un clignement de son pâle œil bleu plus d'ivraie que de bon grain, promenant son regard fureteur et son visage glabre sur les champignons de mauvaise couche, heureux et fier quand dans le passé, le présent, le futur, il a déniché — ou provoqué quelque produit mal odorant.

Et en même temps qu'il travaille et fouille chez nous, grand collecteur des poisons, M. Kistemaeckers ne néglige pas ce qui peut pousser sur son sol propre.

Il a Lucien Descaves, Lemonnier, Poictevin, Théodore Hannon ; il a M. Henri Nizet, qui a dû faire tressaillir sa jeune âme intoxiquée avec ce dernier livre : *Bruxelles rigole.*

Le magasin de M. Kistemaeckers est tout en arrière-boutique : et je m'étonne que M. Lammens — qui est pourtant sénateur de Gand — l'ait oublié dans ses imprécations.

L'éditeur belge a pour devise : *In naturalibus veritas ;* il montre sur le nombril de ses couvertures un diable cornu qui cache sous un manteau flottant « le livre abominable » ; il affectionne aussi le bonnet phrygien jeté sur le triangle maçonnique.

Mais au fond, tout ce naturalisme revient au pan de chemise de Nana dans sa loge, toute cette Vérité au lieu d'un flambeau tient une veilleuse, tout ce bonnet, — c'est pour les moulins.

Quand elle se paye du neuf, la Belgique nous donne des poètes qui, après les prosateurs, montent en croupe avec Charlot ; quand elle réédite du vieux, elle nous offre la « Courtisane de Smyrne », les « Dortoirs de Lacédémone », les « Soupers de Daphné », « Entre chien et loup », la « Correspondance de la Gourdan » et la description de son cabinet, « l'Histoire du père Lachaise » — qui n'est plus, en passant par les presses de M. Kistemaeckers, que le père La chaise longue.

Et M. Kistemaeckers a bien garde d'innover : son industrie florissante est une des spécialités anciennes de la Belgique. La France empoisonne? Que fait donc la Belgique galante, elle qui, de tout âge, sous prétexte d'accorder l'hospitalité à la Pensée libre, a accueilli la pensée libertine et déployé la carte transparente du Tendre !

Ce qui caractérise la Belgique et lui ôte tout droit à juger de la paille du voisin, c'est qu'en donnant une patrie au gros sel et au gros poivre littéraires, elle ne le fait pas par plaisir ou par appétit, mais vulgairement, — pour les trois francs cinquante.

Les Belges sont gens pacifiques, j'en augure d'après Stapleaux ; ils sombrent dans le bœuf nature et ne vont pas bâiller au piment.

Si on les voit avides de scandale et jaloux de gravelures, c'est par pur génie de négoce ; ils ne gardent rien pour eux de ce « Musée secret » ; ils font l'exportation, ils placent — ils pourvoient. La Belgique est comme le faubourg Montmartre littéraire de l'Europe.

Toute cette pudeur, c'est encore de la contrefaçon : publier à ses risques et périls la gaudriole gauloise ou rabelaisienne, la chanson d'après boire ou d'après aimer, c'est charmant et c'est précieux parfois ; mais publier tout cela aux risques d'autrui, s'en faire du ventre sur le grand-livre, — et venir ensuite se po-

ser en justicier, en lys, en joli cœur de la morale,
non pas !

Je sais, M. Lammens, dans son idée fixe, en est
toujours au marquis de Sade. Nous avons eu ce marquis, mais il a sauté, avec beaucoup d'autres. Rien
de plus plat, de plus bête, de plus inoffensif que
le sadisme ; il faut n'avoir jamais ouvert les dix volumes qui décomposent la réputation de ce farceur,
pour les prendre encore comme un guide Conty de
l'amour.

Le marquis n'y entendait goutte. Aujourd'hui il se
contenterait d'écrire des feuilletons au *Petit Journal.* On nommerait conseiller autonomiste celui que
Monselet appelait le Prudhomme de l'orgie.

En France, tout au moins, nous avons ce mérite
d'étaler bravement le rire, — fût-ce la grimace :
chez M. Lammens, un éditeur se trouve qui arbore
ceci : Péché caché est pardonné.

Cet éditeur, c'est encore M. Kistemaeckers ? Ici,
l'œuvre au soleil, quelle qu'elle soit, l'œuvre même
qui fait crier à la décadence française, à l'empoison-
nement parisien, — là-bas, le tortueux commerce et
le masque.

La Belgique s'écrie bien : « Couvrez ce sein que
je ne saurais voir, » mais il ne lui déplaît pas, après,
d'aller soulever le mouchoir de Tartufe — contre
remboursement.

Elle a donc mauvaise grâce de se voiler la face
devant nous, quand dans nos œuvres précisément

elle se défend bien de rechercher les hautes, les pures, les bellement hardies...

Qu'elle n'aille pas s'enfler de vertu, à l'allemande, et rêver d'une robe immaculée de vierge pour sa librairie, — elle qui n'a sur le dos que la défroque de Vénus !

# LA LESSIVE

La chasse au divorce est ouverte : c'est un formidable *rush* vers la délivrance.

Toutes les turpitudes oubliées remontent à la surface, toute la poussière des vieux scandales se remet à tourbillonner dans le soleil.

Voici revenir du fond du passé les héroïnes de tant de chroniques, les dévoyées, les épaves. On soulève à la pelle les contrats déchiquetés; la cendre des procès éteints se rallume.

La loi nouvelle, qui est généreuse, humaine — purifiante, trouve devant elle, pour débuter, une besogne dont ses adversaires pourraient bien retirer quelque vanité.

Avant de se développer dans la plénitude de sa mission, dans cette régularité et dans ce calme qui seront sa force, elle reçoit l'avalanche de toutes les passions inassouvies, la loi d'hier l'éclabousse, la loi d'hier tombe sur elle de tout son poids.

Elle entre en jeu avec la boutique, avec les fantoches, avec les clowneries tristes du passé; elle traîne à sa suite les ratés du bonheur, la bande des coupables et les fous consolés.

Et pour tout ce monde qui vient à elle comme à la lessiveuse brevetée, qui se rue, avec une impudente confiance, sur l'espoir qu'elle offre à ceux qui ont silencieusement et dignement souffert la Vie, elle doit être la bonne fille, la commère — la providentielle complice.

Dans ce heurt formidable, si la loi veut demeurer debout, grande et respectée, son devoir est net : les juges de Rambouillet, devant qui s'est produite la première demande de divorce, l'ont compris et indiqué déjà en examinant les choses de près. Le tribunal qui va se prononcer sur la requête de M^me Adelina Patti, entendra l'exemple, je suppose.

Tout rossignol qu'on soit, encore faut-il avoir quelque égard pour le pauvre merle en justes noces.

C'est contre la marquise de Caux que le jugement en séparation a été délivré; elle a commis l'injure grave, elle a gazouillé sur le pommier fameux, elle a battu de l'aile gauche, dans un Nicolinid...

Et c'est elle aujourd'hui qui vient implorer la loi nouvelle ! C'est elle qui réclame délivrance, c'est elle qui demande une éclatante réparation, quand l'outragé ne dit mot !

Le tribunal ne peut satisfaire cette exigence singulière ; quoi, comment, l'époux coupable pourrait, quelque matin, solliciter la loi de soutenir, d'épurer sa faute ?

Mais, à ce compte, combien accepteraient de se faire surprendre, — vêtus seulement d'une bague au doigt, d'encourir la dégradation d'un considérant rigoureux, quittes à venir, après trois ans, invoquer le privilège du divorce et faire sonner bien haut devant la Justice, ces horribles chaînes, — que l'adultère a rompues !

Si la justice écoutait les doléances d'alcôve et s'ouvrait à ces revendications, de cette balance céèbre qui la symbolise il ne resterait plus — que le fléau.

J'ai toujours devant l'esprit ce passage où les Goncourt représentent, dans la *Société française sous le Directoire*, les officiers divorçant en changeant de caserne.

Si la loi qui nous donne tant de hautes et de nobles promesses ne refuse pas l'héritage du passé, si elle accueille toutes les déclassées qui prétendent légitimer leurs frasques et rentrer dans le cadre, nous tombons dans cette pot-bouille.

Jamais l'occasion n'était plus belle pour proclamer que la loi n'a pas d'effets rétroactifs, comme le veut la formule.

Le coin d'où partent la plupart des instances en divorce qui assaillent le tribunal et préoccupent le brave public, ne me dit rien qui vaille.

C'est du scandale qui monte; c'est la défroque des vieux Romains qui prend l'air; c'est un arriéré d'antiques querelles, d'intrigues et de haines qui va se régler.

Faire place libre et blanche autour de la loi; laisser à ce destin qu'elle a choisi, la comédienne, la diva, la princesse; dégager des responsabilités acquises, l'ère nouvelle, la défendre contre l'assaut des mécontents, des inquiets, des affolés, — fût-ce des éprouvés d'hier, voilà ce qu'il aurait fallu oser crânement.

Faute d'avoir su prévoir et de se sentir une audace pratique, M. Naquet place à cette heure sa réforme entre l'arbre et l'écorce — et l'écorce monte, monte, monte.

Au lieu de pousser librement en pleine lumière, la loi actuelle s'embarrasse dans les broussailles et les vieilles causes lui grimpent dessus.

M<sup>me</sup> de Beaufremont, Mario Uchard qui pourrait si spirituellement continuer à être le veuf de Madeleine Brohan, Sarah Bernhardt, Bachelin-Deflorenne, M<sup>me</sup> de Grandi, M<sup>me</sup> Selnini, M<sup>me</sup> Santerre, voilà les provisions de la Justice, sans compter ce que lui réserve la foule obscure des plaideuses!

Il y a, dans le nombre, des victimes assurément; mais c'était agir en sage, selon la lutte darwinienne, que de sacrifier quelques-uns au progrès de tous.

Il fallait laisser les séparations, — qui pour beaucoup sont plutôt des réparations de corps, à leur histoire.

Au lieu de s'offrir comme un libérateur, voici que le divorce se présente le savon à la main — pour la grande masse des gens mariés mal ou pas du tout, comme on l'est dans l'*Étrangère*, il est simplement l'occasion de se faire shampouiner le moral.

La Justice estimera sans doute que là n'est pas son sacerdoce.

C'est cette première épreuve qu'on voudrait voir plus catholique ; on n'attend, on n'espère qu'une décision douteuse, qu'un faux pas dans la voie ouverte.

Le misanthrope prépare son noir, Tartufe ourle son mouchoir ; qu'ils en soient pour leurs frais !

Quel bel air et quel triomphe ils sauraient afficher si cette loi, qui nous est une conquête si laborieuse et si chère, allait, pour commencer, s'égarer dans les vieilles lunes !

Parmi les victimes d'hier, il en est peu qui n'ont pas rencontré la consolation au bout du sentier ; Juliette mariée n'est plus pour faire fuir Roméo...

Laissons donc se flétrir ces fleurs déjà pâlies, et courons à tout ce qui est la jeunesse et l'éclat de demain, à tout ce qui peut reverdir encore et embaumer, à tout ce qui est, dans l'infortune, la féconde promesse du beau et du bien !

Un proverbe, de très vilaine facture, conseille de laver son linge sale en famille.

A plus forte raison quand ce linge est vieux, usé, indigne d'une reprise.

Les juges qui sont à l'apprentissage de la loi nouvelle, agiront avec prudence en ouvrant l'œil avant de plonger la main dans le baquet et d'entreprendre la lessive.

# L'HONNEUR A CLAIRVAUX

Une petite cause : Un homme est condamné à rois ans de prison pour vol ; il subit sa peine à Clairvaux, laissant dans la vie une femme et un enfant.

La femme, sans ressources, rencontre un ouvrier qui l'aime, la recueille, partage sa paie avec elle et le petit de l'autre.

L'autre cependant, apprend la chose, et, du fond de sa cellule, fait l'honnête homme outragé, dépêche un commissaire et expédie sa femme adultère avec son complice aux juges.

Indigne, exécuté, déchu de ses droits de citoyen, il conserve encore les droits du mari ; tandis qu'il n'est plus pour la société, il est toujours pour la famille, lui le voleur, lui l'infâme !

Rien ne peut délivrer de son pouvoir cette pauvre créature qu'il plante là, toute honteuse d'un nom sali, misérable, brisée. Superbement il va arguer de son honneur auprès de ces mêmes juges qui quelques mois avant l'ont déclaré sans honneur !

Et ces juges l'écoutent, et ils condamnent sévèrement la femme coupable d'avoir été abandonnée, le brave garçon coupable de lui avoir porté secours !

Pendant ce temps, le voleur ricane et se frotte les mains ; il leur en a joué une bien bonne à ces trois êtres qui sont libres, — à cette femme désespérée qui revient à l'espérance, à cet enfant, le sien, qui mourait de faim, à cet homme qui a pris sa place dans le devoir et dans l'amour.

Les magistrats l'ont aidé consciencieusement, avec l'appui de la loi formelle, en cette œuvre de basses représailles. Ils ont pris le Code tout cru, par routine, — sans s'attarder à être justes, en rendant la justice.

A la femme, ils ont dit : Que veux-tu ? tu es mariée, attends ton mari pendant qu'il est en prison et reçois-le bien quand il en sortira ; il faut être fidèle à ce voleur et lui garder son foyer.

A l'enfant ; ton père est une canaille, ne respecte jamais d'autre homme que ton père.

A l'amant : Nous te condamnons ferme, ça t'apprendra, mon bon, à montrer du cœur et de la générosité.

En vain cette femme a crié aux juges : C'est un

homme que j'aime ardemment, qui de misérable et
de mendiante que j'étais, m'a rendu la vie presque
heureuse ; je couchais sur la paille avec mon petit
enfant, il m'a acheté un lit monté ; je mangéais ce
que je trouvais, il me nourrit et subvient aux besoins
du ménage ; j'étais à peine vêtue, il m'a habillée des
pieds à la tête ; et vous voulez que je me sépare de
lui ! Allons donc ? Mon mari est un misérable et un
voleur, mon amant est un brave et honnête ouvrier.
Le choix n'est pas difficile à faire...

Ceci n'est pas de la morale courante, je sais, —
mais c'est la vie.

Assez d'autres vont jeter la pierre à cette femme et
la condamner avec les juges, emprisonnés qu'ils sont
dans les lieux communs et les traditions insuffisantes
d'une morale arriérée, d'une conscience toute de
clichés.

Pardieu ! c'est trop facile de pousser les hauts cris
et de se réclamer des vertus immuables. Mais la morale change, à mesure que des lumières se font.

Je me refuse à cette morale aveugle, d'un bloc,
que l'on roule depuis des siècles, toujours la même,
à travers des sociétés qui se transforment.

Le langage de cette femme s'appuie sur les revendications de l'heure présente ; il veut dire que la
chaîne forcée, celle qui lie l'honnêteté au crime,
l'innocence à la honte, fait plusieurs douleurs d'une
seule faute, et ferme toute espérance, que cette
chaîne est inique et monstrueuse.

A cette morale étroite, dérivée des utopies chrétiennes, la femme qui réfléchit et qui est simplement
pour la probité et l'équité humaines, répond cet
allons donc ! Son intuition de ce qui est juste et du
droit des bonnes gens la soulève et la fait parler net,
femme du peuple qui ne connaît pas les phrases et
raisonne selon la nature même !

Aussi quand elle a entendu la condamnation « de
son complice », après la sienne, une indignation
formidable lui est-elle sortie du cœur ; elle s'est
tournée vers ces juges tout murés dans le préjugé et
leur a lancé cette apostrophe dûment tarifée dans le
Code — qui a prévu qu'on n'aurait pas toujours à
le respecter :

—Tas de bandits ! condamner un honnête homme !
c'est honteux, c'est ignoble ! Condamnez-moi, faites
de moi ce que vous voudrez, pendez-moi ! Mais lui,
le brave ouvrier qui s'est sacrifié pour moi, vous ne
devez pas le condamner, c'est révoltant !

Sur ce cri, on l'emporte ; ramenée un instant
après, presque sans connaissance, pleurant à larmes
chaudes, on la condamne, pour outrage à la magistrature, à quatre mois de prison ; et cette peine
va grossir les trois mois que lui vaut déjà l'adultère !

Comment laisser passer cette condamnation qui,
dans une seule audience, montre des juges pauvres
d'esprit et pauvres de cœur ?

Cette fois encore ce sont ici des magistrats du

vieux temps, entichés de la loi toute sèche et férus de ridicule orgueil.

Ils font de la justice de résistance accrochés au Code, cramponnés au fauteuil ; toute occasion leur est bonne pour signifier leur dédain de l'effort entrepris ; on aura beau chercher, penser, écrire et faire, — ils sont là, barricadant la porte.

C'est précisément à des causes comme celle que je relève qu'on les attend ; avec elles, les transitions sont aisées, le bon vouloir et l'intelligence du progrès peuvent s'y prouver sans casser du poing les vieilles vitres. Mais non, la chose est irrémédiable, le magistrat ne veut pas compter dans le mouvement d'aujourd'hui : cette autre robe noire est l'ennemi.

Maintenant, à Clairvaux, le voleur exulte ; ces bons juges, il ira certainement les remercier, à sa délivrance ; il ne leur en voudra plus ; c'est à la vie, à la mort.

En vertu des grandes institutions et des grands principes, ce filou est réhabilité dans son honneur conjugal : mais où est l'enfant ? Entre les mains de qui braille-t-il à cette heure, le gosse ? Ce n'est pas avec les sous qu'il gagne à faire des chaussons de lisière que le père le nourrit et l'élève, je suppose !

Père en prison, mère en prison, sauveur en prison, que devient-il ? A cet enfant, ils ont ôté tout ce qui le faisait vivre. Et pourquoi ? Pour établir bien clairement qu'ils sont avec les sacrements et qu'ils veulent être respectés...

Oh! ce respect à la magistrature, quelle antiphrase!

# L'ÉCOLE DES PLAIDEURS

Dernièrement, à déjeuner, au cercle, je me trouvais à côté d'un de ces Parisiens qui, pour être préposés aux manœuvres de la loi, grands clercs du Code et conseils recherchés, n'en ont pas moins l'habitude et la passion du théâtre.

Nous causions de la pièce nouvelle de l'Odéon et de l'effet bizarre que peut produire sur un homme du métier, sur le gros public même, le « commissaire de police », qui vient au troisième acte se faire livrer, sans autre forme de procès, chez l'amant de la baronne de Roveray, l'enfant du *Mari*.

— Les auteurs d'aujourd'hui, me dit mon voisin, ont pris pied dans le Code ; on les voit interroger la paperasse, chercher des paquets d'émotion dans la *Gazette des Tribunaux* et des ficelles dans le Dalloz, faire belle mine même à la Procédure et demander des secours à cette sèche personne.

Quelques-uns, avant d'aborder cette difficile et trompeuse matière, s'en vont prendre la leçon d'un spécialiste et s'assurer de la vérité possible ; c'est ainsi que j'ai donné plus d'une consultation et que je deviens peu à peu comme un grand teneur de trucs légaux ; dernièrement encore, dans mon cabinet, j'ai conféré longuement avec mon ami Deslandes à propos du dénouement d'*Antoinette Rigault*.

Mais ils ne se comptent pas par dix les auteurs qui ont à ce point le souci de l'exact quand même, l'inquiétude du vraisemblable.

Il en est qui, sous prétexte que nul n'est censé ignorer la loi, se lancent dans des bourdes sonores et prêtent à rire au simple bon sens.

Ces réflexions, il y a beau temps qu'elles s'imposent.

Certes, on ne prétend pas que le théâtre tourne à l'*Étude;* je serais fort déconfit, aussi bien, si au lieu de se pénétrer des parfums des artistes immortels, au lieu de s'inspirer de l'art de Racine et de l'élévation de Corneille, — voire du procédé de Scribe et de Dennery, les auteurs d'aujourd'hui exécutaient une comédie d'après M. Demolombe, un drame selon les commentaires de Rogron ou de M. Prosper Rambaud, une tragédie selon la lettre romaine de M. Labbé.

Il me paraît même. en principe, qu'un auteur dramatique a le droit de fausser toutes les vérités, pourvu qu'il fasse sortir du puits fameux une œuvre palpitante.

Il est maître de faire des accrocs à la loi, d'escamoter et de jongler, de taper dans le bleu et dans le faux, — à condition de produire un spectacle qui intéresse, amuse, ou empoigne.

Libre à lui aussi de violer l'histoire, si, comme l'enseignait Dumas père, il lui fait un enfant.

Mais à cette heure, précisément, la mode est venue de présenter la thèse, de mettre au théâtre les imperfections, les cruautés de la Loi, les douleurs qu'elle répand et maintient après elle quand elle a frappé, les injustices et les troubles sociaux dont elle est l'origine et comme la protectrice.

Eh bien ! lorsqu'un homme de théâtre s'attaque à une pareille ampleur de sujet, qu'il part en guerre, fonde toute la portée de son œuvre et tout l'espoir de son succès sur une semblable matière, on a le droit d'exiger au moins de lui qu'il connaisse ce terrain sur lequel il échafaude, qu'il ait la notion de la doctrine élémentaire, qu'il ait entrepris l'examen « des pourquoi et du comment », de cette Loi au nom de laquelle il noue et dénoue, contre laquelle il s'indigne, compose, trame, fait pleurer ou pouffer.

L'homme de théâtre, cependant, aborde les yeux fermés, avec une sereine ignorance, les données juridiques sur lesquelles il bâtit ; et c'est une rage précisément, chez lui, que de faire retentir haut ces questions de droit devant lesquelles il reste sourd, — comme un sac de blé.

Dans une œuvre psychologique ou d'imagination, des inexactitudes de détail doivent se pardonner.

Elles sont de mince valeur et le temps est loin des comédies de la Basoche, de la littérature spéciale des procureurs et des plaideurs.

C'est ainsi qu'on aurait mauvaise grâce à reprocher à Dumas fils d'avoir fait faire dans *Monsieur Alphonse* une reconnaissance d'enfant naturel devant un clerc de notaire, — ce qui équivaut à peu près, a-t-on remarqué, à un mariage conclu par un secrétaire de mairie, un mariage de Montrouge.

Il ne faudrait pas chicaner davantage Labiche, parce que dans je ne sais plus quelle comédie il fait donner par un jeune homme les noms et les qualités saugrenues des membres qui composent son « conseil » judiciaire.

Mais voici *Héloïse Paranquet*, par exemple.

La pièce tout entière roule sur une question de droit et s'appuie sur la nullité du mariage de ce Cavagnol que Lagrange posait si curieusement à la dernière reprise du Gymnase.

On excipe de cette nullité parce que Cavagnol, ancien officier, a changé de nationalité : or aucun article, ni dans le Code civil, ni dans la loi sur l'état des officiers n'autorise cette affirmation que la perte de la qualité de Français entraîne la nullité de mariage.

Quant aux *Corbeaux* d'Henri Becque, ils ont soulevé toute une querelle vive.

Je me rappelle certaine consultation qu'un jurisconsulte, profondément blessé dans son âme de légiste, adressait à l'*Événement* après le spectacle.

Il y avait dans ses doléances de longues considérations sur la copropriété d'une usine et plus particulièrement sur la situation faite aux enfants après la mort du père.

Quoi que prétende Becque, ils ne sont pas à ce point livrés aux corbeaux...

A côté de la mère, qui détient la tutelle, la loi place un subrogé-tuteur, nommé par le conseil de famille qui, dans le cas où la fortune du défunt constitue un gain de communauté, ainsi qu'il arrive pour les enfants de Vigneron, débat et protège leurs intérêts opposés à ceux de la mère.

Les voilà donc bien ces pièces juridiques qui doivent soulever un monde, donner des insomnies aux législateurs et dévoiler les inhumaines combinaisons de la justice !

De cet effort si pompeusement proclamé il ne sort que du vent.

La semaine dernière, tandis que se déroulait le troisième acte du *Mari*, la comédie de M. Eugène Nus, je pensais à part moi que cette fois encore la montagne en travail avait accouché d'une souris, — *ridiculus Nus.*

Les vieux n'y mettaient pas autant de prétentions,

d'apprêt et de bruit, quand ils touchaient au droit : mais en revanche ils savaient, ils exposaient avec netteté et ne pratiquaient qu'à coup sûr.

La consultation que M. Bonnefoi, le notaire, donne au Malade imaginaire, quand il se préoccupe du sort de Béline, demeure un modèle classique d'exactitude et de précision.

Maintenant, tous tournent autour du Code.

Les uns prétendent dénoncer ce qu'il est — et, dans cette révélation empressée, négligent de se remplir au préalable de leur sujet.

Les autres rêvent d'enseigner au public ce qu'il devrait être — et dans cet élan vers l'idéal on les voit produire d'étranges inventions.

Dumas fils, parmi ceux-là, est le grand prophète : il a pour son compte le petit Code civil de la *Princesse George*, demain peut-être il proposera un Code d'instruction criminelle contre les vibrions.

Sous toutes ces fièvres de réformes ou d'innovations qui ont saisi l'homme de théâtre, sous cet air de se dévouer au progrès et de lui offrir son savoir et son cerveau, il n'y a le plus souvent que le petit intérêt d'une idée à creuser, à faire représenter — et encaisser.

Il y a aussi comme un sacrifice à la vogue, comme une avance.

Entre tous les problèmes jetés au théâtre, le divorce a été des mieux cultivés. Tant qu'on luttait pour l'obtenir, les auteurs, habiles à pressentir d'où souffle le vent, ne voyaient, ne prêchaient, ne demandaient que lui...

Le voici obtenu, — et aussitôt, calculant cette fois et édifiant sur l'éternelle mobilité de notre esprit qui ne saurait s'arrêter au même objet, deux lunes de suite, ils tournent bride et s'en vont battre en brèche.

Au surplus, ces fameuses pièces à thèse, ces morceaux du Code — et du Codex transportés au théâtre, n'ont jamais fait une plus belle jambe à la boiteuse; aucune douleur ne s'est consolée là, aucun remède n'est venu de là.

Réformer par le théâtre, améliorer par lui, enseigner par lui, c'est un joli conte, et elle est rudement bonne, — je rétablis ici le texte exact de Villemessant, pour soulever une question de langue, comme Sarcey.

Le théâtre est une diversion à la vie, un délassement, un plaisir...

On peut l'apprécier doublement quand il donne une sensation de vie, mais pour Dieu, qu'on n'en fasse pas une école de plaideurs.

Je m'insurge à la pensée qu'un jour les marchands de billets crieront devant la façade illuminée :

— Un bon consultation, moins cher qu'au Palais !

# SOUS LE CHÊNE

Les juges n'en ont pas toujours fini avec la Justice quand ils ont envoyé un misérable à l'échafaud ; parfois une découverte scientifique, une étude rigoureuse du cerveau, un cas spécial relevé dans l'ascendance du coupable viennent éclairer étrangement le crime expié déjà, et font changer en pitié l'horreur que le criminel laisse derrière lui.

M. Paul Bert a dit autrefois quelles fatalités de déshonneur et de souffrances pesaient sur Blin ; aujourd'hui c'est Menesclou dont une hérédité qui épouvante explique et atténue le forfait.

Un monstre, certes, cet enfant de dix-huit ans qui coupait une fillette en morceaux, logeait ses petits bras dans sa poche, avec sa pipe culottée, et rôtissait ses entrailles à la poêle ; mais un monstre animal, un monstre au cerveau de singe.

Menesclou exécuté, on a décrit son existence à l'envie; il était sourd et toute sa vie a été enrayée par cette surdité. Il y avait comme une barrière entre l'enfant et sa mère, entre l'écolier et ses camarades, entre l'ouvrier et ses compagnons d'atelier; il était concentré, taciturne : on l'a cru méchant et vicieux; et ainsi, il a été chassé de l'école, de l'armée et de la famille.

Une fois le cadavre dans les paniers à son, les médecins abondamment ont proclamé la déchéance intellectuelle du misérable; l'un déclarait même que, si l'on avait attendu huit jours de plus, le condamné aurait été trouvé mort dans un accès au milieu de sa cellule...

La science, après coup, a fouillé et observé si profondément que la justice semble avoir frappé un idiot chez qui la folie seule allumait par instants une effroyable flamme d'intelligence.

La mère de Menesclou, à quarante ans, prise d'aliénation subite, a été enfermée à Sainte-Anne; le père de cette femme s'est suicidé dans un transport de fièvre, son frère a disparu fou : et voici que cette lamentable procession de folies s'achève par la mort du père de Menesclou, trouvé, lui le pauvre brave homme, torturé par le mal, dans sa petite chambre de Grenelle.

La providence fait une singulière figure en face de l'hérédité! Il n'y a pas de loi plus impitoyable.

Le petit naît innocent avec des sourires tranquilles

et purs, — et déjà il ne s'appartient plus. Hérédité morale ou physique, il est d'avance désigné pour la honte ou le crime. Quand un pauvre être vient au monde, et quand fatalement au coin d'une espérance, au bout d'un effort ou d'un travail, il trouve devant lui la phtisie, les instincts déviés ou l'aliénation d'un aïeul, il a quelque droit à nier la justice qu'on lui enseigne et la divine charité qu'on lui vante.

A l'heure trouble que nous traversons, la justice ne devrait procéder qu'avec précautions redoublées, pour ne pas frapper des victimes en croyant châtier des coupables.

L'exécution de Menesclou paraît aujourd'hui comme une leçon singulière ; dans le croisement des vices, la perturbation des races, des obligations nouvelles s'imposent à la loi ; elle demeure arriérée, obscure, inhumaine, avec le seul code.

Le législateur aurait besoin, pour démêler le vrai et l'équitable, d'une lumière plus vive ; en cet âge où les crimes deviennent « des cas » et les enquêtes des observations, l'article du code exige un complément...

Il faudrait donner au médecin l'entrée du Palais plus large encore et ouvrir à la suite du casier judiciaire — le casier de l'hérédité.

Avec cette hérédité qui nous étreint de toutes parts, et avec l'influence des milieux qui s'en va dominant, le magistrat doit cesser peu à peu d'être jalousement le serviteur du code.

Des devoirs lui incombent qui touchent à la science humaine ; on le voit étudiant la Nature même et se pénétrant des causes les plus mystérieuses : c'est le corps misérable dans toutes ses transformations, dans toutes les valeurs de sa matière, qui entre en jeu.

Les orgueils farouches et les rigueurs aveugles devraient s'adoucir devant cette douloureuse dissection de nous-mêmes. Ne serait-il pas équitable que le droit absolu de punir s'arrêtât à considérer les conditions physiques de la faute?

La folie ravage et lèse notre libre arbitre, les crimes de l'hérédité s'amoncellent à ce point, il est si lugubre le défilé de nos misères, on met à nu tant de détraquement, il se produit un tel affaissement de l'espèce, qu'il serait digne et sage de se prendre en pitié les uns et les autres.

Il importe de reconnaître et de suivre le mal jusque dans ses secrets les plus reculés — avant de frapper le malade selon la loi.

Au lieu de ce questionnaire à l'accusé : « Votre âge, votre profession? » je rêve une descente de la justice dans son histoire physiologique et dans celle des siens.

C'est là le plus souvent qu'il faudrait aller chercher pourquoi cette volonté s'est effondrée et pourquoi a failli ce sentiment.

Tout marche, la compréhension de la Matière se développe davantage chaque jour, de plus en plus on fait rendre gorge à cet Inconnu qui, jusqu'ici, était l'auréole et le refuge du spiritualisme, — et seule l'idée de justice semble vouloir demeurer en dehors de ce progrès qui appelle une indulgence éclairée et indique cette vertu nouvelle : la probité humaine.

Avec le code qui a bien la rigueur du non-savoir, on reste sur place, enfermé dans la lettre, encore sous l'oppression pour ainsi dire des idées et des coutumes d'antan.

Le crime est envisagé et jugé par nos magistrats d'aujourd'hui comme il y a des siècles, comme si les études de cette heure n'avaient ouvert aucune voie sur les immenses domaines de l'inconscience, comme si elles n'avaient révélé rien des servitudes de l'âme, étroitement soumise aux faiblesses, à l'usure du corps.

Le code est la conquête des magistrats, ils n'en veulent point démordre ; cette confiance dans son impeccabilité, dans son autorité absolue et inexpugnable, est si répandue d'ailleurs que récemment, à propos du divorce, on a vu quel labeur et quelle conviction il faut pour arriver à déranger un seul de ses cheveux blancs.

Les conditions de l'existence sont changées, peut-être même tendons-nous vers une évolution...

La justice devrait tenir compte de l'état particulier de nos moelles et mettre nos maladies dans sa balance.

Non pas que je revendique des acquittements à travers et à tort; mais je voudrais, en place de ces indulgences sentimentales, de ces bontés bizarres qu'on voit éclater entre temps et tomber comme une bombe providentielle au hasard des têtes sur le banc des accusés, — je voudrais une indulgence raisonnée, motivée, qui procédât sûrement de la nature naturante.

L'herboriste Moreau a été victime de cette admirable tradition classique : la justice rendue sous un chêne !

Ce n'est plus sous un chêne idéal qu'il faudrait maintenant prononcer sur autrui : c'est en pleine lumière de vie; ce n'est pas sous l'ombre calme, c'est en pénétrant au plus épais de la lutte, au plus fiévreux.

Pour être juste, la justice doit laisser là son auréole divine et regarder de plus près le pauvre hère.

Je ne suis pas pour qu'on remplace le bagne par l'hôpital à perpétuité; mais je pense qu'avant de prononcer, tout aujourd'hui commande qu'on examine si l'accusé ne porte pas cette peine héréditaire que la Bible annonce jusqu'à la septième génération, — et si on ne lui doit pas un garde-malade plutôt qu'un garde-chiourme !

# LE BEAU MIDI

Voici que les Latins veulent conquérir la Gaule pour la troisième fois ; mais Numa Roumestan, aujourd'hui, se moque bien de la politique, — il fait de la poésie, ce qui est, certes, plus grave.

« Le Midi » jette la terreur jusque dans la banlieue ; une troupe organisée, redoutable, de joueurs de flûte parcourt les environs, et c'est d'aventure un grand et doux poète qui conduit cette musique.

J'éprouve quelque déception à voir Mistral au centre de cette ronde de Méridionaux.

J'avais rêvé pour sa gloire autre chose que ce tintamarre où l'entraînent tous ces barnums du soleil et de la cigale.

A cette heure, il n'y en a que pour eux ; le moindre rimeur se vante d'être ivre d'ambroisie, sous prétexte qu'il prend le P.-L.-M. pour aller manger de l'ail chez papa.

Le Palais-Royal, où ils se réunissent à dix francs par lyre, les Échos hospitaliers de l'*Événement* et M. de Bornier ne leur suffisent plus : maintenant, ils portent en ville, ils fournissent même la campagne, ces adorables faiseurs.

J'ai lu qu'ils sont allés jusqu'à Sceaux, embêter ce pauvre Florian. Et cette *Estudiantina* de littérateurs s'emporte volontiers contre les voitures d' « Old England » !

Allons, bons poètes du Midi, vous ne tapez pas autant dans le bleu, il ne faut pas nous la faire à l'azur.

On voit d'ici vos sonnets d'admiration mutuelle, vos nez cassés sous l'encensoir. — Dieu, quels débris de nez !

Au fond, sous cette farouche passion que vous affichez pour la Vénus d'Arles, il n'y a qu'un rêve, c'est « d'épater » la bonne épicière de Paris, qui, elle aussi, tient à son ruisseau de la rue du Bac ! Sous ce splendide habit fait de soleil, comme celui du prince des contes d'Andersen, vous cachez la défroque du fureteur, du quémandeur de réclame.

Votre « té » est toute une profession, on est du Midi par métier. Le Midi ? c'est charmant parbleu ! On n'a produit que quelques lignes sonores, on n'a qu'une ballade dans l'estomac, qu'une rime riche au bout du dictionnaire — et cela s'appelle du farniente, de l'indolence, de la belle et poétique paresse !

Tous ceux qui sont incapables de donner une œuvre qui reste, se vantent d'être du Midi et se parent de cette origine. Ceux qui prennent le Midi au sérieux et s'en font un sacerdoce, sont des victimes — comme Mistral.

L'an dernier, tandis que nous accompagnions ce pauvre Chapron sur la longue route poudreuse de Colombes, je disais à M. Clovis Hugues qui vient de publier dans la *Presse* ses impressions de cher Marseillais sur Mistral : « Hé, mon brave Clovis, votre Midi nous assomme ! » Et le député me répondit :

— Laissez-nous donc nous amuser !

D'accord, j'accepte qu'il ne faut prendre le beau Midi que comme un amusement. Mais je m'insurge quand il veut être une opinion, une esthétique. Capable seulement d'une hâblerie magnifique, jetant à travers et à tort ses fleurs et ses printemps hâtifs qui nous valent les mille et un suicides de Monte-Carlo, le Midi est une « fumisterie » qu'il faut savoir ramener à sa place.

Si M. Rodolphe Salis avait cinquante ans, je le soupçonnerais fort de l'avoir inventé.

Sous ces déclamations, il n'y a qu'une vantardise intéressée, le souci d'une exploitation des pauvres gens : cette vantardise-là ne sait même pas être gasconne superbement, pour le plaisir, pour le rien !

Elle rêve de la prose d'annonces à la quatrième page. Les poètes du Midi chantent le soleil, le célèbrent, et s'en servent — comme les photographes.

C'est un moyen pour eux d'arriver, et le sieur Béroald l'a oublié dans l'*Art de parvenir*.

Le Dargenton de *Jack* ne voulait aller à la campagne qu'avec des guêtres blanches : les « Midi » de même, ratés à leur façon, ne comprennent la poésie qu'avec du provençal à la clef.

Il faut avoir entendu ces roucoulements et vu ces pamoisons dans le patois !

Ils s'enorgueillisent parce qu'ils parlent une autre langue que le commun des génies français : ils me rappellent M. Maurel, qui se déclare un maître à Paris, parce qu'il baragouine *amoroso* l'italien !

Laissez donc ce patois à la porte, ou consentez à faire la joie exclusive de votre province, braves gens !

Au moment où M. Georges Ohnet donne *Lise Fleuron* avec succès, c'est déjà, ce me semble, un bel honneur que d'entendre et d'écrire le français véritable.

Savoir dire simplement : il pleut, pour dire qu'il pleut, cela vaut mieux que de sortir du « provençao », du « quès à quo » et du « bagasse » à la Judic.

Donnez-nous donc, tout bêtement, un chef-d'œuvre,

ô cigaliers : je me contenterais de vous voir pratiquer le français comme Molière seulement, — ce maigre styliste, comme on sait, ce grand maladroit qui fit un jour Alceste !

# LA PREMIÈRE HEURE

Il y a trois ans, au plein de ses formidables succès, M. Émile Zola recevait de Marseille une lettre qui lui disait à peu près ceci :

« Vous savez, mong bong, que vous avez laissé un petit cadavre sur la Canebière ; Mareseille n'oublie pas, té.

« Ze me mets à votre disposition pour retirer du soleil une des dernières preuves de votre crime. Ze l'ai découverte en flânant, c'est cinquante francs. »

M. Émile Zola apprenait presque à la même époque que des confrères parisiens avaient fait le voyage en quête de ce morceau rare, de ce fameux monstre littéraire qu'il exhibait en sa jeunesse.

Ils étaient ragaillardis et comme vengés à la pensée seule qu'ils allaient raccourcir le triomphateur d'aujourd'hui.

4.

Mais Zola n'est pas de ceux qu'on intimide.

Tandis qu'on se disputait l'honneur de repêcher dans son passé une œuvre vague, — ceci qui devait tuer cela, — tandis qu'on lui ménageait le coup de la fouille, il a crânement ramassé ses débris de feuilletons, il a produit lui-même son péché, il l'a jeté au public avec un orgueil qui n'est pas sans une malicieuse pensée.

— J'ai commis, aux heures troubles, dans la lutte, dans l'angoisse de la vie, cette machine qui s'appelle les *Mystères de Marseille;* d'autres, avec une littérature de ce genre, se font du ventre sur le grand livre, se donnent du ruban, du pignon, — du chignon. Moi, j'ai abandonné toute facile marchandise, j'ai cherché plus loin et plus haut, — j'ai trouvé.

Voilà ce que veut signifier la publication de ce roman, où l'on prouve que l'on peut dépenser trente mille francs par an et n'en gagner que dix-huit cents, où l'on voit que l'habit ne fait pas le moine, où l'on démontre comme quoi un homme laid peut devenir beau.

J'ai lu ce gros volume du passé, M. Zola ni le lecteur ne sortent diminués de ce bouquin.

C'est encore ici du Montépin des jours glorieux, c'est de la bonne cuisine de causes célèbres.

J'admets que quelques-uns rêvent au plaisir de retrouver l'obscur labeur quotidien, le tripotage à coups de ciseaux auxquels M. Zola s'est livré pen-

dant si longtemps, quand, à cette heure, du fond de
sa sérénité, du haut de son toit rouge, il vient, à
toute occasion, répandre son mépris olympien sur
ce Journal dont il a vécu et à qui il doit le plus retentissant écho de sa gloire.

J'accepte aussi, lorsque M. Émile Zola s'avance
comme le paysan du Danube, affiche un dégoût magnifique pour toute administration et tambourine
contre la politique, j'accepte qu'on évoque cette mé-
morable journée de 1871, où sur la recommandation
sollicitée âprement de M. Spuller, il s'en allait déloger de la sous-préfecture de Castel-Sarrazin M. Camille Delthil, qui a conté sa mésaventure dans la
belle préface qu'il plaçait naguère en tête de *Crête-
Rouge*, par Léon Cladel.

Mais qu'au moment où réussit une si féconde volonté, un si dur effort vers le vrai et la perfection,
on s'inquiète passionnément de tout ce qui pourrait
faire ombre sur une pareille conquête; qu'on se
préoccupe de la faiblesse lointaine qui viendra bien
à point faire sourire les rivalités écrasées, qu'on am-
bitionne cette jouissance de voir parler à cet écrivain qui a dit l'idylle de Miette, de Denise et de Naïs
Micoulin, une langue de caporal amoureux et senti-
mental quand il montre la fuite de Blanche de Ca-
zalis et de Philippe Cayol à Marseille, non pas.

C'est là une indigne et basse satisfaction, une de
ces lâches bêtises que Flaubert classait parmi les
venimeuses.

Il ne s'agit avec les *Mystères de Marseille* que d'un faux départ.

On prétend l'exploiter contre M. Zola et il ne sert qu'à rendre le point d'arrivée plus éclatant encore.

Le chiffre est imposant des artistes qui ont marqué leur début par un genre dont ils se sont gardés dans la suite : depuis Sainte-Beuve il y a toujours des poètes et des romanciers morts jeunes en qui l'homme a survécu.

J'ai lu autrefois un fort joli relevé de ces faux départs : l'auteur de cette statistique n'en excluait pas Victor Hugo qui exécutait, à dix-sept ans, un faux départ enthousiaste avec *Amy Robsart*, cette étrange pièce sur laquelle Paul Foucher, son collaborateur, en a conté si long.

Dumas père, lui aussi, a changé de main, il traite de haut, dans ses *Mémoires*, certains couplets chauvins qu'il composa pour le *Major de Strasbourg*, d'Adolphe de Leuven, et ce vaudeville, la *Chasse de l'Amour*, où se trouve ce bijou :

> Un seul instant examinez le monde,
> Vous ne verrez que chasseurs ici-bas :
> Autour de nous, quand on chasse à la ronde,
> Pourquoi donc seul ne chasserais-je pas?

Dumas fils, à ses débuts, ne songeait guère au *Demi-Monde :* s'il voyait des Madeleines, c'était au dessert.

Il a pris possession avec un petit drame lyrique inspiré d'*Atala*.

Je ne sache pas que ces *Aventures de quatre femmes et d'un perroquet*, où s'étale une si bizarre description des villas du lac de Côme, où se développent de si précieux enguirlandements de phrases, rappellent la manière des théories de Claude, d'Aristide Fressard et du docteur Rémonin.

Musset, en 1828, deux ans avant les *Contes d'Espagne et d'Italie*, publiait l'*Anglais ou le Mangeur d'opium*, une brochure invraisemblable que les collectionneurs se sont disputée à quinze louis.

Quant à Balzac, il s'est offert dix faux départs au moins, au temps où il était fondeur, imprimeur, éditeur. De ce volumineux paquet de romans signés lord Rhoone, il ne reste aujourd'hui que *Jeanne la Pâle*, — ce qui est encore pour humilier les auteurs de *Clara la Goule* ou d'*Andréa la Charmeuse*.

C'est une leçon qu'il faudrait s'imposer, de ne pas compter trop avec la première heure, dans les lettres, — voire dans la politique.

Entre le *Sonnet à la Vierge*, d'Henri Rochefort, les *Sous Bois*, de M. Paul Devès, les parodies de Musset, par M. Paul Bert, les bouts-rimés de M. Leconte de l'Indre et les rêveries provençales de M. Marius Poulet, il y a place pour bien des révolutions.

Aujourd'hui, on débute au premier poil, on est un maître à trente ans — une ganache, il est vrai, à quarante ; tout de suite, on a devant soi une carrière plus ouverte, un horizon plus large...

On a donc plus que jamais aussi le droit d'hésiter, de chercher, de se transformer — j'allais mettre de se contredire.

Et c'est une piètre besogne celle qui s'en va reprocher à un homme dont l'existence se déroule dans le souci de la tâche de demain, de l'œuvre toujours plus haute et plus simple, l'essai trébuchant de la première heure ; de lui jeter au nez le péché de jeunesse, quand il donne en nombre des chefs-d'œuvre d'âge mûr.

Pour Zola particulièrement la chose se complique : il y a un joli nerf de jalousie dans la guerre sourde menée autour de ce roman obscur.

On a voulu confondre l'assurance mâle et nécessaire de l'artiste d'aujourd'hui ; on a voulu montrer la statue aux pieds d'argile, faire crouler une pierre dessous.

Cette écœurante manœuvre a raté, et m'en voici tout réjoui.

Ce livre, l'auteur l'a sorti au grand jour, il l'a revendiqué.

On lira ces trois cents pages qui valent bien le *Maître de forges* — et qui, au moins, ont pour excuse la misère du forgeron.

C'est un bel échec pour la galerie, elle est prise à son piège, elle est volée.

Et en pensant à cette déconvenue méritée, je ne peux m'empêcher de sourire, quand je lis sur les catalogues :

Les *Mystères de Marseille*, par Émile Zola — 1 vol.

# HOMMES DE LETTRES!

Je suis homme de lettres, vous êtes homme de lettres, il est homme de lettres.

On ne naît pas homme de lettres, on le devient; et si vite !

Pour un chien écrasé, pour un incendie au coin du quai, pour une ligne écrite à peu près, pour un participe plus ou moins bien entendu, je vous assure qu'on l'est !

Il y a peu, M. Maxime Lisbonne a répondu au président qui l'interrogeait sur sa profession :

— Homme de lettres !

Poursuivi pour exercice illégal de la médecine, le zouave Jacob, interrogé à son tour, a satisfait de même les curiosités de la justice : le zouave a carrément lancé ceci, avec un geste à la Fréderick :

— Homme de lettres !

L'un a essayé de monter les drames de Louise Michel aux Bouffes du Nord, l'autre vend des brochures contre les médecins et joue du trombone pour achever l'anesthésie de ses clients.

Hommes de lettres? profession ouverte, carrière libérale ! Maxime Lisbonne et le zouave Jacob font vraiment honneur à Zola, à Barbey et à Daudet !

Je ne sais même pas si tous ceux qui livrent au journal courant le meilleur de leur observation et improvisent avec tous leurs nerfs, ne vont pas de ce coup se trouver grandis de cent coudées par le seul fait d'avoir Lisbonne et Jacob pour collègues, émules — et maîtres !

Je vous jure que nous ignorions notre félicité et notre gloire : nous sommes de simples laboureurs à la Virgile.

Que nous importe maintenant quelques fours, quelques tentatives inaperçues, quelques désespoirs? Lisbonne va passer toutes ces douleurs à l'eau de Portugal, Jacob va nous rendre patients comme Israël dans le désert !

Le bourgeois, d'aventure, ne nous comprend pas, nous dépassons sa bonne et honnête mesure? Ne nous attristons pas, mes frères ! Maxime et le zouave nous protègent.

Eux, ils sont des incompris et des dédaignés de la foule : nous pouvons bien attendre nous tous !

Quand les hommes de lettres ont parmi eux des

génies de cette envergure — et des génies méconnus, rien n'est perdu !

Au fond, tout cela est navrant. On entre dans la peau de l'homme de lettres avec effraction. Ni Balzac ni les Goncourt, en notant les faiseurs et les Demailly de leur temps, n'ont cru à cet envahissement.

A cette heure, la profession d'homme de lettres fait sourire les commissaires de police.

Le dernier des fumistes, échappé des cendres de cette fameuse société des Hydropathes, passe homme de lettres ; au *Chat noir,* tous les pinteurs de blonde sont hommes de lettres. Chez M. Gragnon, les reporters qui vont « au rapport », sont hommes de lettres aussi.

Un monsieur qui raconte dans le tuyau de l'oreille les intrigues de couloirs à la Chambre ? Homme de lettres !

Et si je ne craignais de rééditer la vieille plaisanterie classique : le facteur qui vous monte pour trois sous de Cochery sympathique, homme de lettres de même !

Ah ! mais, à ce prix, non pas ! Autrefois on devinait les poètes à leurs longs cheveux, aux ongles en grand deuil, aux toiles d'araignées qui tapissaient le gousset ?

Aujourd'hui il suffit de rencontrer un monsieur qui ne fait rien pour le deviner homme de lettres ! Croisez sur le boulevard un gentleman qui a des

créanciers et qui soupçonne à peu de chose près la
valeur d'une virgule, on peut assurer que dans un
espace de temps précis, ce monsieur se dira littéra-
teur, romancier, — moraliste même, qui sait!

Ce que j'écris là, ce n'est précisément, ni pour
Lisbonne, dont j'apprécie la désinvolture, ni pour le
zouave, dont l'aplomb me séduit.

Mais, enfin, quand on pense à ce que ce titre
d'homme de lettres résume de qualités multiples,
d'efforts, de valeur et de talent, on a droit de s'en
montrer jaloux.

Certes, le décrotteur exclusif d'actualités terre à
terre et de commissariat de police, n'est pas notre
confrère, quoique son nom paraisse — et parfois en
bonne place : c'est pourquoi, nous devons serrer les
coudes; c'est pourquoi aussi toute association est
impossible.

Tous ces gens, comme disait je ne sais plus quel
lettré du siècle dernier, confondent le miel — avec
la fabrique à miel.

C'est aussi le cas de ce garçon de Louis-le-Grand,
dont a parlé Mérimée, qui disait volontiers : Je fais
la rhétorique, — parce qu'il balayait la rhétorique.
comme d'autres, nous rêvons la confraternité dans
le travail; ce serait une chose belle que l'appel de
toutes les activités et de toutes les forces de l'esprit
mises en commun.

Par malheur, personne n'a jamais su où l'homme
de lettres commence et où il finit. Quand d'autres

se gendarment contre les intrigues et l'exploitation, nous restons ouverts au cabotinage. Entre qui veut : Anatole Lyonnet, en personne, n'est-il pas entré l'autre année pour raconter ses souvenirs sur Dumas père !

Mais heureusement que nous avons autre chose que M. Lisbonne, que le zouave, que le Lyonnet, — que Richebourg !

Ce qui résulte de tout ceci, c'est que l'homme de lettres doit demeurer dans son coin ; étranger aux mesquineries de l'amitié et du bruit. J'ai souvent rêvé du travailleur qui poursuit son œuvre en dehors de tout éclat, qui pousse la pensée comme la charrue, et qui ne fait pas l'œil doux aux relations faciles.

Puisque les directeurs de cabotins et les magnétiseurs à trombone se disent hommes de lettres, il faut les laisser se parer de la vanité du titre, — quitte à devenir deux fois plus soucieux de ses labeurs et de sa dignité.

C'est le seul remède.

Produisons plus ferme et plus haut : nous pourrons alors nous offrir par surcroît le luxe d'avoir Lisbonne et Jacob parmi nous !

# LE DROIT A L'ORGUEIL

*A Edmond de Goncourt.*


Cher maître et grand ami,

La préface que vous avez donnée à *Chérie* a mis tout en alarmes les susceptibilités et le moi de vos contemporains.

Les critiques qui se sont répandues autour de ce livre portent comme l'arrière-pensée de vous faire regretter les quelques lignes où vous témoignez hautement de l'œuvre des Goncourt ; il y a des malice sous ces appréciations et presque un scepticisme.

Quoi donc ? En offrant le dernier volume du dernier des Goncourt, vous avez osé jeter un coup d'œil sur la longue route parcourue et proclamer qu'elle a été large, belle, d'utilité littéraire !

Et ce cri vous est échappé que des hommes de votre allure pouvaient bien être assurés de l'avenir !...

Ce brevet de labeur et de conscience, cette foi dans l'intelligence et l'impartialité de ceux qui vont suivre ont paru d'une intempestive vanité ; de l'un à l'autre, on vous a accusé d'outrecuidance et traité d'illusionnaire, pitoyablement : on a sur l'heure même instruit votre procès avec méchante humeur.

Hélas ! mon cher maître, il vous faut subir les nerfs de vos confrères ; leur irritation est bien nature, et moi-même qui vous écris je dois avouer que tout au fond, — « au tréfonds », je suis rebelle aux déploiements de panache.

C'est là un mouvement instinctif d'amour-propre et d'indépendance égoïste qu'il faudrait savoir corriger. Un peu de réflexion et d'équité suffisent à cette tâche.

Un homme de lettres, — tel que vous le personnifiez, pur de toute autre ambition que celle du beau, attaché de toutes les forces de sa vie à la recherche de l'idée, courbé loin des gloires faciles sur la page jamais assez conquise, cet artiste a-t-il le droit de se placer à part, de dire ce qu'il a fait, quel ouvrier il est, quelle œuvre il a produite ?

Assurément.

Ce que nous appelons volontiers dans la blague l'adoration du nombril est pour l'homme de lettres vieilli une prérogative, — un devoir.

Quand il annonce comme vous, mon cher maître, la fin de sa carrière, il doit précisément pouvoir s'emplir de fierté en examinant ce qu'il laisse et en ne trouvant dans cet examen rien à répudier, rien d'indigne de l'homme et de l'écrivain.

L'orgueil pour lui est légitime, parce qu'il est une exception, parce que tout ce qu'il donne il ne le retire que de son être et le paye de plaisirs ou de souffrances exagérées ; l'orgueil est nécessaire aussi parce qu'il soutient et sauvegarde.

L'homme de lettres n'a jamais trop confiance en soi ; dans le silence, le dédain ou l'envie, s'il ne se campe — il n'existe.

Le vieux conte dit que l'enfant doit crier pour qu'on sache bien qu'il vit ; n'est-ce pas que l'homme doit se planter sur le chemin s'il veut qu'on le voie ?

La modestie est d'abord la plus hypocrite des vertus, elle est ensuite la plus néfaste : aux faibles, aux impuissants elle prête un demi-jour avantageux, — mais pour un rien elle neutraliserait les forts...

Je n'ai pas à me préoccuper du charlatanisme dans une lettre à votre adresse, cher maître : vous ignorez cette chose.

Ce qui éclate pour moi, c'est l'imprescriptible droit à l'orgueil revenant à tous ceux qui marchent, comme vous, à la tête d'un passé, comme le vôtre.

Qui donc aurait raison d'être tranquille et de considérer le labeur accompli avec émotion et joie, si ce n'est vous, les Goncourt ?

Quand un homme se lève et dit : J'ai derrière moi vingt ans de consciencieuses confitures, je suis le grand épicier de l'avenir, Paris applaudit et se soumet : il trouve ce ventre bien gagné, cet orgueil juste, cette immortalité due.

Qu'un écrivain ose dire : Je n'ai pu réaliser tout ce que je rêvais, mais au moins j'ai fait quelque chose, Paris le rappelle brusquement à l'humilité, Paris se voile !

Cher grand ami, vous venez d'en faire l'épreuve. Voyons, pourquoi seriez-vous fier ? Vous avez combattu pour le vrai, fouillé le dix-huitième siècle, préparé le fabuleux triomphe de la Tour d'ivoire, — et après ? Cela vaut-il si haute opinion de soi ?

Ainsi, tous également, nous sommes badauds et défiants à la fois ; mais la défiance ne frappe sans hésiter que le talent : — et si d'aventure alors, le talent se défie de lui-même, il est mort.

Hugo passant dans les coulisses aux heures de lutte déjà, terrible et intransigeant comme un dieu ; Balzac, ce roc d'orgueil ; Dumas se donnant l'apothéose en dix volumes de mémoires ; Zola, devenu puissance pour avoir répété cent fois qu'il est une *force* ; Leconte de Lisle écrivant au *Temps* qu'il est de ceux qui savent se faire un nom, — cher maître, n'est-ce pas là le secret ?

Vous, vous êtes au premier rang parmi les vaillants qui ont droit à l'orgueil, vous l'avez gagné par votre ardente conviction, par votre œuvre dans les lettres,

Ce n'est pas avec amertume et mélancolie qu'il faut vous enfermer là-bas, en un coin du petit hôtel d'Auteuil; les attaques dernières ne doivent pas entamer ou seulement assombrir la conscience où vous êtes d'avoir servi glorieusement.

A l'heure finale, on ·a ramassé contre vous des railleries cruelles qui devaient aller à tant de disciples maladroits...

Laissez, cher grand ami, et gardez cette assurance que, par-dessus toutes les petites colères, vous êtes digne d'admiration et de reconnaissance.

Vous êtes toujours l'Art, — dans la Maison d'un artiste.

# L'HABIT DES AUTRES

M. Ernest Renan a communiqué à un journaliste américain ses vues sur la politique, et comme souvenir de cet entretien il a laissé à notre confrère l'autographe que voici : Puisse votre république américaine servir de modèle à la nôtre et nous apprendre à résoudre le problème de l'ordre et de la liberté.

Je pense que c'est là, de la part de M. Renan, pure galanterie internationale ; en souhaitant de nous voir taillés sur le patron de James Dollar, M. Renan doit se rendre compte lui-même du platonisme d'un pareil vœu.

Malgré toute l'originale lumière de son esprit, le philosophe a donné cette fois dans un préjugé commun. Lui aussi il est de ceux qui nous montrent

avec entêtement les pommes du voisin, et s'écrient :
Voyez donc, là-bas, ce qui se fait, où l'on en est,
voyez et pleurez ! Tudieu, que de progrès ! Quelle
honte, quelle confusion pour nous qui ne sommes
que des tardillons dans la société moderne !

Avec cette théorie, on chipe aux Anglais, aux Américains, à tout le monde, — jusqu'aux Belges, et l'on
devient une nation sans qualités ni défauts propres,
une réduction cent fois retouchée. Ceci, c'est pour la
France de la pure fécondation artificielle.

La mode est là, d'emprunter à droite et à gauche,
comme si ce n'était plus ici qu'un pays de cigales !

On tend la main et l'on dit : un petit progrès, mon
bon monsieur, une petite idée, s'il vous plaît !

Ainsi, nous nous reconnaissons incapables d'acquérir par nous-mêmes ce qui nous manque, et nous
jugeons pour rien ce que nous avons.

J'ai écrit une fois déjà, que je préfère à tant
d'humilité, trop d'audace.

Cette dépréciation obstinée nous laisse pauvres et
maigres vis-à-vis de l'Europe ; oui, certes, mieux
vaudrait cent fois être gascons ! Gascons à l'ancienne
manière, gascons envers et contre tous, et trouver
superbes et fortes, quand même, notre conscience,
notre âme nationale, notre vie.

A force de regarder les autres, on oublie ce que
l'on est et vaut ; à force de faire miroiter au loin je
ne sais quel but extravagant, ceux dont c'est l'intérêt
et toute la politique, ont réussi à répandre ce décou-

ragement, cette lassitude, ce scepticisme ironique pour ce qui est tenté déjà et obtenu.

Ah! que sont nos libertés, mises en face de la libre Amérique! Que sont-elles même vis-à-vis de la royale Angleterre.

Ces exclamations de badaud ou de charlatan, jetées en l'air par calcul ou manie, arrêtent le public en rond.

Quand des hommes comme M. Renan apportent à de semblables manœuvres l'autorité de leur jugement, la chose se complique et la réponse s'impose.

De même qu'il y a plusieurs morales, il y a plusieurs libertés : la liberté américaine n'est pas la liberté française.

La liberté varie avec les êtres, les milieux, les traditions. Elle n'est à nos yeux, ni une, ni indivisible.

Si l'on veut nous faire entendre et pratiquer la liberté américaine, que l'on commence par nous transfuser du sang yankee.

D'un côté, un peuple neuf, sauté d'un coup de l'ombre la plus épaisse dans la lumière la plus claire, capable de respirer à poumons pleins, dans sa vitalité gigantesque, un air qui nous laisserait étourdis ; né, — et l'homme tout de suite.

De l'autre, un peuple qui a traversé, dirigé, subi l'histoire; grandi petit à petit, n'ayant revêtu jusqu'ici que des choses sur mesure, taillées pour lui, ce peuple supporterait-il une liberté de confection, prise chez le grand faiseur américain, au hasard de l'étalage ?

Il serait là-dedans à la fois trop au large et trop à l'étroit, il souffrirait dans ses idées, ses sensations, ses générosités.

Les mœurs américaines, la politique du *bowie-knife*, l'ingratitude des masses et l'égoïsme de ceux qui les sollicitent, le remue-ménage des affaires, l'intensité de la vie publique heurtent notre tempérament.

Nous ne pouvons changer sans transition. Imiter le Nouveau-Monde est vite demandé. Quoiqu'il doive quelque chose de son indépendance à La Fayette, à un Français, la France ne peut marcher en tout à côté de lui.

D'ailleurs, la vieille terre immortelle a donné déjà suffisamment à l'Europe, et en ce moment même, trouve à lui donner encore assez !

Hier, la grande Révolution ; et maintenant, après la défaite, l'instruction, l'effort vers la liberté en même temps que vers la réparation.

L'Amérique est au-dessus de la charge qu'en a faite Sardou dans l'*Oncle Sam*, mais elle pourrait bien être au-dessous de l'éloge qu'en a fait Laboulaye.

Ravis de son *Paris en Amérique*, les Yankees lui avaient offert des conditions somptueuses pour une suite de conférences à New-York, à la Nouvelle-Orléans et à Philadelphie : Laboulaye aurait reçu là-bas l'accueil enthousiaste qu'y rencontra Dickens, et que rêvait ce pauvre oublié de Lamartine qui disait volontiers : « Si j'allais en Amérique, des milliers de bras me soulèveraient sur le quai de débarquement et me porteraient en triomphe jusqu'à mon hôtel... »

Les Américains, très pratiques, ne réservent semblable réception qu'à ceux qui flattent leur amour-propre illimité et leur vanité de parvenus de la civilisation.

Je suppose donc que ce livre classique de Laboulaye, le livre de chevet des admirateurs de l'Amérique, est exagéré dans le merveilles qu'il débite.

L'Amérique, elle aussi, a sa légende ; depuis Christophe Colomb on la découvre chaque jour, — et ce n'est pas fini.

Quelques politiciens français se font une Amérique à eux, un Eden *pro domo*, une terre à gogo pour les élections. Jamais ils ne songeraient à rappeler l'exemple du président Harrisson, obligé d'accepter les fonctions de greffier à la cour de Cincinnati ; de Jefferson, sur ses vieux jours dans un tel état de détresse, qu'il dut solliciter l'autorisation de mettre ses terres en loterie et de vendre sa bibliothèque, ou de Monroe mourant de faim.

Ils ne parlent ni des fonctionnaires qui presque tous bouleversent la caisse publique, ni du suffrage vénal, ni de la corruption, ni de la tyrannie du capital.

Amérique ! Amérique ! avec cela on a tout dit.

La France disparaît dans cette rage d'importation : personne ne veut plus être de « cheux nous ».

Tandis que les gens de la triple alliance — quadruple demain peut-être, s'en vont crier notre décomposition, notre fin, si nous nous diminuons nous-mêmes, alors que reste-t-il ?

Ce n'est pas parce que l'Amérique a une liberté à elle que la liberté française est un vain mot.

Dites s'il n'est pas libre, le pays qui laisse en paix se produire les déclamations anarchistes et les piétés blanches ; ici les réunions, et là les messes, l'ombre de la Commune et l'ombre de Frohsdorf !

C'est une méprise ou une injustice que d'opposer toujours les résultats conquis aux efforts en peine ; d'écraser les uns par les autres. Si une comparaison devait se faire, elle serait toute à l'honneur du pays qui étant le plus vieux, arrive encore à créer, comme dans la jeunesse !

# KYRIELLE DE JEUNES

Voici qu'un théâtre s'est fondé spécialement dans la noble pensée d'encourager et de jouer les jeunes. Un journal récent leur a réservé aussi un joli feuilleton par semaine : de toutes parts, le mouvement se dessine et la sollicitude se fait grande.

Où sont-ils, les jeunes? Qu'ils se lèvent, qu'ils accourent, qu'ils parlent, ces dédaignés, ces chercheurs d'idéal ou de vérité qui ne trouvent que portes closes devant eux, farouches mines et refus solennels !

Le moment est rare, la revanche approche. Mais quoi? personne ne répond? personne ne sort du rang obscur?

Ce sont les directeurs de théâtres, les directeurs de journaux, les directeurs d'expositions qu'on voit aujourd'hui condamnés à appeler à eux, humblement, le talent incompris et qu'on entend crier aux quatre vents :

— Un jeune, s'il vous plaît; un jeune, mon bon monsieur !

C'est qu'à dire vrai la question des jeunes n'existe plus; elle rentre, en belle place, dans l'histoire des scies du passé.

A cette heure, on a quelque droit de sourire quand on vous ressert la fameuse complainte de 1830; les chemins sont ouverts avec une largeur telle, que celui qui ne réussit pas à y marcher vite, droit et ferme, démérite.

Jamais le soleil n'a brillé si superbement pour tout le monde.

Pas plus que le bâtard, pas plus que le désespéré, le bohême des lettres ne s'explique dans cette immense activité à laquelle tous sont conviés, également.

Il faut que les jeunes qui demeurent ignorés, stérilisés, immobiles en leur jeunesse, n'aient pas une idée, un effort, un espoir seulement à offrir, pour qu'on les laisse regagner leur coin et qu'on leur oppose de ces difficultés et de ces exigences qui, hier encore, chargeaient les débuts de luttes, de douleurs, de misères poignantes.

La faute — ou la gloire de cette simplification revient au Journal.

C'est le journal, où l'on est imprimé et où l'on

gagne tout de suite, qui a tué la question des Jeunes.

Il n'est pas si imberbe qui ne soit le bienvenu.

Une conversation avec l'Incohérente du jour, un bout d'indiscrétion chipé entre deux bocks, un portrait, fût-il en chromo et mille fois accroché déjà dans la galerie d'actualité, il n'en faut pas davantage pour se révéler.

Rien ne prévaut contre « l'article qui s'impose », et peu importe la main qui le glisse dans la boîte : on a rétabli vraiment les tours, pour les productions quelconques.

Les plus grands journaux ne résistent pas à cet envahissement : même, ils placent leur coquetterie, le secret de leur succès et leur ambition, à tenir boutique de reportages et de nouveautés vagues.

C'est un point acquis que n'importe quel citoyen, sachant lire les gazettes et découvrir seulement l'ombre de ce qu'on appelle dans le javanais des rédactions « une piste » ou un « germe », est assuré que le soir on fera bon accueil à son papier d'interviewer.

Il n'y a plus qu'à posséder, d'aventure, un peu de cervelle sous son chapeau pour qu'on vous dise : Frère, il faut écrire.

Et le théâtre est comme le journal.

C'est pour rire, le spectacle des pâles, mourants d'art rentré; on ne dépose plus de manuscrits honteux; d'où qu'on sorte on est lu, sinon par un artiste, du moins par un homme d'affaires, qui ne demande qu'à flairer et à adopter le sujet à centième, la trouvaille à maximum.

Et auprès de lui des gens bizarres, spéciaux, accrédités pour plonger au fond des idées du débutant.

Ceux-là sont préposés à la mise au point, ils rafistolent, ils raccordent, ils épinglent.

Le jeune, quand il se présente avec une machine de théâtre, une scène, un coup, n'a que l'embarras parmi ces collaborations qui sont tout un mot de passe.

Pour un rien, Dumas compte sur ses doigts, Gondinet risque la danse des ours, Ferrier cligne de l'œil, Busnach se fait aimable, Burani guette, Blum qui est de tout avec rien se prépare, Philippe qui a toujours un pétard sur lui s'allume...

Et ces pères nourriciers tendent avec passion leurs bras au jeune, — qui en devient vieux aussitôt.

Non, il n'y a plus moyen d'être jeune, le théâtre vous cueille au premier bourgeon !

Et le livre est comme le théâtre !

Les éditeurs ne sont plus cette espèce inaccessible, grognante, avare. Ils laissent venir à eux les petits auteurs.

Ils consentent des traités à des inconnus qui ont l'aplomb, ils lancent, ils illustrent, ils font bijoux d'admirables inepties.

La librairie est devenue une très bonne fille : tous, tous, tous !

Je sais un libraire délicat, mais trop paternel, qui expie en ce moment sa belle confiance : il agonise pour avoir pensé qu'il est des jeunes encore, des jeunes dont aucun n'a voulu et qu'il fallait sauver.

Pauvre homme qui ne se doutait pas de cette vérité nouvelle : qu'il n'y a plus d'incompris que parmi ceux qui n'ont rien à faire comprendre !

Quand on songe aux éditeurs d'autrefois, à Renduel, à Barba, à Ladvocat, à Hippolyte Souverain lui-même ; au prix que Werdet donnait à Balzac et aux quatre cents francs que Flaubert retirait de M^{me} *Bovary,* on ne peut se résoudre en toute justice à plaindre ces jeunes qui trouvent à cette heure à signer de méchants livres — et d'excellents reçus.

Et le tableau est comme le livre !

Les peintres, pour un détail heureux, pour un joli trait de lumière, pour une petite connaissance de ce que, dans le jargon de la critique d'art, on dénomme l'entente du plein air, la gamme des tons, l'observation des valeurs, arrivent tout droit au gros nom, au gros chiffre, au gros Yankee.

Le moindre a son tourniquet, son mât au coin des rues, son homme-affiche.

Il a l'hôtel au plus léger succès : il peut, pour un lambeau de toile, se mettre dans ses pierres et dans ses peluches.

Seuls, parmi cette heureuse venue d'artistes, en

cet âge d'or, les sculpteurs demeurent discutés, rudes, pauvres. Ils sont, en vérité, aussi nus que cette pierre sur laquelle ils bâtissent.

Chez les sculpteurs seuls la tradition du jeune existe, et longuement et effroyablement. Dans leur admirable légion, une idée attend, souffre — et se paye d'atroces combats et de sacrifices.

L'antique légende des débuts semble s'être réfugiée là, et elle persiste avec une cruauté profonde. Le sculpteur est le représentant unique maintenant de l'art difficile à atteindre, à imposer, à placer, tandis qu'à ce peintre avec lequel il voisine au Salon court la vogue, la chronique, l'argent.

Et la musique est comme la peinture !

Je n'en veux pour exemple que la prise de posses·sion, des concerts du Cirque d'hiver par M. Benjamin Godard.

Pour quelques inspirations pittoresques ou gracieuses, la *Kermesse*, la *Valse* en *si* bémol, la *Mazurka* en *ré* mineur, la marche bohémienne du *Tasse* et la *Berceuse* pour violon, M. Godard hérite brusquement de ce gouvernement — à la baguette, auquel Pasdeloup a fait honneur après de si grands efforts.

Quand un artiste de la vieille roche comme Reyer, le plus grand musicien de l'époque actuelle, un génie incomparable dans sa robustesse — qui sait se faire si tendre ; quand l'auteur de *Sigurd*, qui est toute une gloire pour la France, ne trouve à se mon-

trer que dans des présidences de sociétés infimes
et est contraint de demander asile au dehors, —
on voit les théâtres accaparés par des jeunes qui
n'ont qu'à paraître pour être et qu'on tremble de
faire attendre.

Voilà où en est cette question fameuse. Non pas
que je m'élève contre des fortunes promptes et des
succès dont beaucoup sont mérités.

Mais c'est une routine insupportable celle qui s'en
va, aujourd'hui encore, se lamenter sur les déboires
et les obstacles du début, — aujourd'hui qu'on débute sans déchirements et qu'aucun effort ne passe
inaperçu.

Qui pose pour l'infortuné convive au célèbre Ban-
quet n'est pas sincère — ou manque d'estomac ;
jamais on n'y a été plus invité !

# SUR LE DOS DE BALZAC

Une réclame gigantesque s'est organisée autour
de Balzac.

Des sculpteurs quelconques envoient leurs prospectus ; des écrivains quelconques s'agitent pour
« en être ».

Il y avait déjà une clientèle spéciale pour les
enterrements parisiens, — le tout-Paris des dernières ; maintenant une clientèle se forme pour *la
mise en pierre* des glorieux.

Une claque nouvelle nous est née, la claque de
l'immortalité.

Et cette fois encore, c'est le cabotinage qui nous
écrase ! La statue de Balzac, c'est déjà une vieille
dette à payer, une dette d'honneur. Nous sommes

prêts à la reconnaître, à nous constituer débiteurs, et avec reconnaissance.

Mais pour aller à ce magnifique créancier, il faut passer par des bureaux, s'inscrire dans des coteries, suivre des filières. Ce n'est plus l'élan unanime, enthousiaste... que je rêvais autrefois : c'est l'administration des statues.

Tenez, le soir de l'inauguration de cet infortuné Théâtre-Italien, dans notre coin d'orchestre en contemplant les loges, nous ne parlions que de Balzac ; et je vous assure bien que l'évocation très soudaine de Lucien de Rubempré et de de Marsay, de M^{me} de Nucingen, de la marquise d'Espard, de M^{me} de Maufrigneuse étaient pour Balzac un plus grand, plus décisif hommage que les fadaises, les lieux communs, les intrigues qui se préparent.

Quand on voit comment et où finissent les illustres, entre quelles mains est relégué le soin de les glorifier, vraiment c'est une pitié.

D'ailleurs, et c'est là mon avis très sincère, cette statue de Balzac vient trop tard. Par le temps qu'il fait il ne faudrait plus élever de statues qu'aux médiocres.

Ceux-là n'ont rien à craindre, ils sont demeurés dans un clair-obscur qui les conserve, ils peuvent tenir, toujours, ils n'ont pas usé la corde. Tandis que les autres, ceux qui vivent dans la lumière, tout en haut, et se livrent, risquent après cette énorme

mise en pâture d'eux-mêmes, d'être dédaignés, reje-
tés, — trahis.

Il ne faut plus les remettre en question, ils ont
leur statue dans leur œuvre, et ils ne gagneront pas
lourd, pour être exposés au milieu d'un carrefour,
comme *tête de ligne* d'une station d'omnibus.

Maintenant, le dernier des trouveurs de gaz a son
monument.

La bronzolâtrie est excessive, et il faudrait traiter
les bronzes comme les décorations : il y aura des
gens poursuivis dans l'histoire pour port illégal de
statue.

Balzac, celui qui aurait dû marcher en tête dans
ce paganisme de l'admiration, arrive bon dernier.

Sa statue, j'en ai grande appréhension, sera tiède-
ment accueillie par la foule des souscripteurs.
D'abord parce qu'elle se rend compte et se défie du
bruit de clocher qui va retentir : ensuite, parce
que Balzac est resté jalousement en dehors, parce
qu'il n'a rendu ni les luttes, ni les préoccupations,
ni les soucis de son heure.

Son génie, il n'a pas cru, comme Hugo, devoir le
jeter dans la mêlée des idées, il ne s'est pas associé
aux besoins de son temps, il n'a tracé, en aristocrate
de l'art, que quelques hautes et curieuses figures.

Aussi la grande foule qui fait clameur, auréole et
gloire, — parfois à faux, autour d'une statue, l'ignore-
t-elle.

Colossal et petit tout à la fois, son heure a sonné

depuis longtemps pour nous autres : pour la masse brutale, il manque quelque chose encore.

Balzac ne lui dit rien, il n'est pas dans son sang.

C'est pourquoi je doute. Si l'on doit en être réduit à mendier pour Balzac comme on a fait pour Dumas, mieux vaut laisser là ce tintamarre.

D'autant que quelques-uns seuls en profiteront.

La statue de Balzac? Ah! oui, s'adresser à monsieur un tel.

Pauvre Balzac, ne va-t-on pas lui donner des représentations à bénéfice — comme pour une vieille cocotte qui a tenu aux planches par un bout, comme pour un vieux ténor qui a laissé son *ut* dans la boîte à grime!

Si c'est cela qu'on appelle l'apothéose, si c'est ce cabotinage qu'on nomme admiration, si c'est le four à prévoir qu'on traite de justice, combien vaut mieux le dédain apparent dont Balzac était l'objet, l'impopularité que mérite si grandiosement son œuvre!

Balzac dans la rue, et conduit au milieu des tramways par la main tutélaire d'un comité; ah! le tableau édifiant et superbe!

Mais cette statue de Balzac, cette exposition en pleine foule, est contraire à toutes ses idées : lui, autoritaire, absolutiste, adversaire de l'élection, railleur, sceptique, à lui un monument, près des trottoirs?

Il vaut mieux que cela, — surtout à cette époque.

Il y a peu, j'étais avec acharnement pour la statue de Balzac : aujourd'hui, j'hésite, car le bronze est devenu d'inutilité publique, plus banal qu'une fontaine Wallace; car c'est la mode maintenant de s'en aller dire : on ne lit plus Balzac, il est démodé, et fini!

J'entends d'ici le Parisien s'écrier en passant devant le futur monument : « Quel est donc ce monsieur? » Puisqu'il en est ainsi et puisque la gloire de Balzac ne doit servir qu'à étonner les ignorances et faire mousser les intrigues : gardons-le chez nous, pour nous, gardons-le!

# VIEUX SCANDALES

Piqué d'un beau souci, le parquet annonce tout un lot de poursuites contre certains livres d'hier.

Et à l'improviste, près de repêcher dans le passé la morale et la pudeur, il entend que le public fasse galerie autour de ce sauvetage.

On nous mijote, pour cette saison, l'immolation, la solennelle flétrissure de volumes qui ont mené leur train scandaleux dans l'autre.

Pendant des mois, ils ont pu courir hardiment, — on ne les arrête qu'épuisés.

Le public, dont il plaît maintenant aux magistrats d'invoquer la conscience et la vertu blessées, librement a pu recueillir ces œuvres, y trouver même satisfaction de ses badauderies ou de ses malsaines curiosités.

Il ne s'est pas fait faute de consommer les éditions,

lui au nom de qui la justice, aujourd'hui, se met en marche, et c'est avec un sourire qu'il reçoit cette promesse qu'on va le venger officiellement d'une offense qu'à dire vrai il a ressentie sans colère.

C'est l'avis de tous, de ceux-là même qui ont demandé net à la loi de frapper, que ses coups, à cette heure, arrivent avec une fantaisie d'opérette et qu'elle risque de son prestige, à venir, de la sorte, en armes, sur un terrain déblayé déjà.

Hé ! parbleu, il est temps !

M^me Marie Colombier, plus audacieuse que Barnum, a pu collectionner soixante mille francs — avant qu'on songeât à arrêter son industrieuse inspiration...

Et voici que ce *Charlot s'amuse*, qu'on va exécuter demain, est déjà connu de tous avec son épouvantable visage !

Ce livre a paru le 10 janvier 1883, et c'est pour novembre prochain seulement que la justice se réserve, — carabinière farouche.

C'est vingt et un mois après qu'elle prépare son appareil fâcheux et ouvre l'oreille au cri que cette œuvre a soulevé !

Certes, l'auteur de ce livre a osé avec péril ; il a bravé tout, croyant, en jeune, à l'audace pardonnée quand elle est sincère. Il n'a pas su se défendre contre la tentation des succès à épate et se refuser plus tard à des préfaces louches.

Mais des premiers, ce semble, dans sa conviction

d'artiste et d'écrivain, il a souffert de cette gloire scandaleuse, accourue au-delà de tout souhait et tombée pesamment sur lui.

Il y a quelque amertume dans ce voyage lointain qu'il vient d'entreprendre pour un journal, écœuré, — navré, portant la peine de son inexpérience et de cette sincérité à laquelle la corruption stupide feint de ne pas croire.

Doux, tendres — reconnaissants à toute délicate « pimenterie », le public, les magistrats, les confrères, pour son œuvre d'essai, traînent dans la boue cet homme jeune, dont le crime est surtout de n'avoir pas pensé à mesurer à l'aune le mouchoir de Tartufe.

Et quand le bruit s'apaise, quand l'oubli vient, quand une œuvre peut-être se prépare, qui fera place nette, effacera l'autre et sera comme le gage de ce talent épuré et reconquis, — c'est la loi qui ranime ce scandale détesté.

C'est elle qui remet la tache au jour et rouvre la blessure.

Le livre a disparu, pourquoi le ramener à la surface ?

Pourquoi cette répression dans le désert, pourquoi cette lourde réprobation sur un talent d'avenir, coupable seulement d'avoir attaqué de front un sujet qu'enjolivait Méry et que, hier encore, M. Eugène Rostand, ornait au *Figaro* d'une gaze transparente ?

Au demeurant, en cette affaire le coupable, —

j'entends celui sur qui les responsabilités devraient tomber, ce n'est pas M. Paul Bonnetain.

Débutant, ne sachant à qui demander protection et autorité, l'auteur du livre poursuivi a cru devoir, consciencieusement, s'adresser à un confrère, — abriter son audace derrière un nom bien posé. Je vois parfaitement d'ici la petite scène.

M. Henry Céard accepte de présenter *Charlot s'amuse*, — et c'est de ces quelques lignes que part précisément le scandale.

J'ai toujours estimé que c'est la préface qui ruiné ce livre. D'un cœur léger, avec une magnifique désinvolture, dès la première page, dès la première ligne, le préfacier est venu assommer l'œuvre.

L'auteur, dans ses veilles, s'était gardé de l'expression brutale et repoussante, il avait répudié la bravoure facile des mots, — le préfacier arrive par là-dessus, et pimpant, l'allure dégagée, cloue dès l'entrée le vocable provocant, celui qui est le défi, celui qui est l'opprobre.

M. Henry Céard a fait à la porte le boniment affreux ; il a entaché sans y prendre garde le seuil de l'œuvre, — il l'a déclassée.

Le « pouah » qui a accueilli le livre de M. Bonnetain provient surtout des prémisses que pose la préface ; on est prévenu, — on est comme chambré d'avance pour assister au développement d'une ordure.

La justice peut-être examinera ce détail et saura

démêler. Mais combien plus encore elle se montrerait avisée, si elle laissait au public le souci de se venger, le soin de son honneur et de sa vertu.

L'exemple n'est pas pour donner satisfaction et orgueil à la loi qui s'effarouche d'un volume et fait noble croisade contre un pauvre auteur.

La besogne est saugrenue à plus forte raison et piteuse, quand la justice intervient après coup, comme une brave boiteuse qui manque le train, quand elle instrumente devant des chandelles éteintes et s'en va frapper les ombres.

M. Kistemaeckers nous réserve assez de nouveautés, le soleil des photographes répand assez de pornographies le long des passages, pour qu'il y ait de l'ouvrage encore !

Et voici l'utopie :

Cet ouvrage est-il, au surplus, digne de la loi moderne, du progrès indiqué par ce proverbe rajeuni : « Nettoie-toi toi-même ! »

C'est une exécution qui ne devrait appartenir qu'au public, celle des livres, celle des écrivains, celle des artistes qui le blessent et le salissent aux carrefours.

Que tout vienne à la lumière — s'y glorifie ou s'y brûle !

Le silence était la leçon des rois — il n'a pas perdu que je sache de son éloquence.

Lorsque le public tolère tel livre, l'achète, le propage ; lorsqu'il s'entiche de tel tableautin d'alcôve, il n'y a pas à le vouloir venger quand même.

C'est l'empoisonné par persuasion, — et les magistrats se diminuent dans ce rôle de terre-neuve de la pudeur, et la loi qui veut sauver, envers et contre tous, devient comme une donquichottesque ganache.

Laisser mal faire — et laisser dire le public.

Ce serait encore la plus sûre et la plus saine police.

Lorsque la loi se mêle d'instruire et met au vent des procès de tendance littéraire et morale, elle risque de donner la main aux hypocrites et elle ôte, en même temps, à la conscience publique, un de ses magnifiques privilèges, celui des clameurs immenses et des mépris écrasants.

Je rêve de la grandiose leçon que pourrait infliger un public qui passerait froid, intraitable, incorruptible devant les corrupteurs.

Ah ! comme en regard de cet idéal, — réalisable peut-être, elle paraît petite, ridicule, insultante, la justice qui s'en vient lire par-dessus nos épaules, qui jette nos livres au feu, et, sous prétexte de sollicitude, donne, au bon public, sur les doigts !

J'espère encore que la loi renoncera à remuer toute cette poussière, qu'elle laissera les scandales d'hier dans l'ombre où ils entrent et qu'on ne la verra pas rechercher çà et là,    jusque sous les oreillers, ces vieux corps de délit !

# LES AMANTS DE LA LUNE

M. Guy de Maupassant a fait une petite étude d'été, parée de ce bien joli titre : « La lune et les poètes ».

J'y ai couru, tout alléché, espérant y trouver chantée comme elle le mérite, cette bonne et ronde personne qui, en ce mois d'août, est la providentielle verseuse de frais, et encouragés comme il convient les guitaristes entêtés encore de poésie.

Point.

M. de Maupassant dit son fait à la lune et écrase d'un énorme mépris d'ancien les petits poètes, les bons petits, les braves jeunes gens qui s'aperçoivent un matin que la vie est belle au lever du jour, qui découvrent les roses, les ruisseaux, les prairies, les bois, les oiseaux, l'amour, — et qui éprouvent le besoin de jeter leur découverte aux quatre brises.

C'est grande pitié pour ce poète mort jeune, en qui un homme triste a survécu, de voir, tous les ans, venir tant de volumes remplis du même spectacle de la nature et gonflés des mêmes sentiments.

Il ne veut pas accepter que depuis que le monde est monde, la rêverie et l'amour n'inspirent, ne répètent qu'une chanson : et sa sévérité se monte jusqu'à reprocher trop de printemps à la jeunesse.

C'est parce qu'elle donne des mélancolies, des joies, des surprises toujours les mêmes à travers les âges, que la Nature est admirable, précisément dans les sourires et dans les larmes de ses choses.

Elle revêt une magnifique grandeur quand on songe depuis quand elle suffit à éveiller les poésies qui dorment et à satisfaire l'immense, l'impérieux besoin de contempler, d'encadrer de verdure, d'élever nos passions où nous sommes.

Non, pour cette jeunesse toute en liesse à cette heure parce qu'on a déniché enfin dans je ne sais quel dictionnaire scientifique cette fameuse rime à *triomphe*, — la poésie de l'herbe mouillée ne sera jamais une défroque, l'hymne aux pâles étoiles et au soleil d'or une rengaine, le murmure des petits ruisseaux un air de mirliton.

J'emploie à dessein ces expressions usées, clichetées, qui traînent jusque dans la *Lanterne de Boquillon,* — car elles n'en diminuent pas pour moi ce qu'elles chantent.

Ces paysages pris cent mille fois à témoin déjà témoigneront encore.

Le zéphire, malgré M. Cochery, portera toujours les soupirs de Faust ; et malgré les réveille-matin, ce sera l'alouette qui fera fuir Roméo.

Loin d'afficher ce superbe dédain du bon petit poète, il faudrait l'appuyer et s'attendrir sur sa destinée ; il n'y a plus guère preneur aujourd'hui pour son bouquet des champs, pour ses rayons de lune, pour sa rossignolerie...

Il n'essaye même plus d'intéresser les journaux au sort de ce petit volume qu'il paye de ses deniers, obscurément.

En revanche, il achète tout ce que les aînés ont fait avec le lac, le sentier, la rose ; c'est lui qui est le pieux disciple des gloires auxquelles ce temps se refuse. C'est lui qui les cultive, les entretient, les maintient.

Ces misérables jeunes qui s'en vont rabâcher que les fleurs sont belles, ces insipides et grotesques amants de la lune, ce sont ceux qui recueillent Gautier, Baudelaire, Lamartine et Musset.

Sans eux, sans cette phénoménale bêtise où ils végètent, le commerce élevé autour de ces poètes serait en plein marasme.

Leur gloire ne vit entière que parmi les jeunes ! Eux seuls la peuvent retenir et attiser ; ils vont, se redisant entre eux les poèmes exquis que ce temps de prose répudie, et ils y retrouvent leurs impres-

sions, le vieux saule, la perle de rosée, la vallée
d'étoiles dont M. de Maupassant ne veut pas sur son
chemin.

Ce sont ces rimeurs échappés du collège, tous
ceux qui de génération en génération font marcher
« amour avec jour et maîtresse avec tendresse », qui
ont l'admiration et le respect des œuvres : Mürger
n'est debout que grâce à eux ; eux seuls, ils savent
encore Alfred de Vigny, — eux seuls reviennent avec
fidélité à ce poème pénétrant, la *Dernière Escapade*,
par Guy de Maupassant.

Ce qui n'empêche pas l'auteur d'*Une Vie* de se
fâcher rouge, — à la Flaubert, quand ces braves jeunes gens ouvrent leur cœur, « ont la gracieuseté de
nous prévenir que les oiseaux chantent et nous
détaillent avec minutie toutes les particularités de
leurs sensations ».

Hé ! mais, voilà qui n'est pas déjà si détestable.

Admirer naïvement, d'instinct, à la suite des vieux,
cette lune qui est comme un point sur un *i*, ce lys
dans la vallée, cette mer au front d'écume — et s'observer en même temps, dans l'intimité profonde de
son être, juger et s'efforcer de rendre l'effet que pro-
duisent sur soi ces beautés explorées par tant d'autres, la mesure personnelle à laquelle on jauge cette
grandeur, c'est même le seul moyen de faire du nouveau et de donner originalement.

D'ailleurs, sont-ils en nombre si encombrant, ceux
qui s'attardent à chanter le long du chemin ?

Je vois bien une Revue qui a eu l'audace de se fonder sous ce titre : *le Monde poétique*, — mais, d'un autre côté, M. Lemerre a été décoré, — ce qui pourrait bien rendre le passage Choiseul plus difficile à la Muse.

La poésie n'est pas à l'horizon, les poètes ne sont pas sur le pavois...

Eux les bons petits, qui s'obstinent encore à chanter l'argent qui est sur la lune et l'argent qui est sur le tronc des bouleaux, en cet âge où l'on ne célèbre que celui qui est dans la poche !

Dernièrement un poème nous est arrivé de Toulouse ; M. de Maupassant ne lui reprochera pas d'être trop comblé de nuages, ensoleillé de parfums et de lyrisme.

Il traite de la *scrofule* — et ce n'est pas là, comme on sait, matière à boutons de rose. J'avoue ne pas bien voir Apollo à cette besogne.

Le moindre bout rimé sur un coquelicot, — encore que M. Laisant m'ait fané la fleur, fait mieux mon affaire.

Aujourd'hui, les poètes ne regardent pas à rimer pour le comptoir, il y a des sonnetistes pour enseigne. Au récent concours d'Épernay, on a vu M. Clovis Hugues, un poète, un vrai celui-là, un inspiré, chercher la rime non pas dans la bouteille, — mais pour la mettre dessus !

C'est pourquoi je persiste à aimer et à encourager les bons petits amants de la lune.

On n'évoquera jamais assez, pour ce grand Paris, la campagne vaste et saine, les paysages éclairés, l'infini qui chante ou brille et l'ombre qui repose.

Ceux-là, malgré la phraséologie pittoresque dont on leur fait crime, malgré l'abus de ce *clair de lune* qu'ils ont appris à pénétrer dans Beethoven; malgré l'*air connu* qu'ils poussent devant eux, — ceux-là méritent d'être traités par tous en amis, avec indulgence et un peu avec le cœur.

En eux, nous pouvons nous ressaisir nous-même, et sourire à ce que nous avons été au temps où la typographie féroce n'attendait pas « notre papier ».

Le dernier des pauvres bons jeunes gens que M. de Maupassant accommode si mal, — fût-il compromis jusqu'au cou avec la lune, a tout au moins une grande et belle excuse.

On n'en pourrait dire autant de M. Charles Garnier, qui donne de ses petites poésies au *Figaro !*

# LA BOUE

Je penserais, — ô miracle! — comme le directeur de la *France*, à propos des affaires de Corse, de M. Judet et de M. Emmanuel Arène et du *Sampiero* qu'un débat devant le Parlement est une assez jolie fin pour une campagne privée, et ne reviendrais pas sur ce tapage, si M. de Lacretelle, député de Saône-et-Loire, ne s'était cru obligé d'en renvoyer l'écho à ses électeurs.

M. de Lacretelle écrit, à « ceusses » de son pays, qu'il faudrait pleurer sur la Patrie, livrée aux vendeurs, que l'issue de la discussion sur les événements d'Ajaccio est « presque un Sedan»! que le drapeau a été livré et que les temps sont infâmes!...

Ainsi, non satisfait d'avoir assisté à cette fantasia d'injures, il prétend que rien ne se perde de ces délices; après s'être, sur son banc, déelcté au bruit

douloureux dont ont retenti ces trois journées, les *trois
Calomnieuses*, il veut encore, en bon père de famille,
en faire jouir son arrondissement adoré.

Ce va-et-vient d'insinuations, ce jeu de chat que
M. Andrieux possède à merveille, cette fièvre d'accu-
ser, d'avilir, d'embouer qui s'est abattue ici sur tous,
— c'était trop maigre...

Il fallait répandre encore dans le pays, dans la
grand'rue de province et sur la place du Marché cette
fange !

Voici l'œuvre de M. de Lacretelle et de son école :
il y a, loin de Paris, des gens pour croire que le pays
s'élève, qu'il se fait des reins forts, qu'il pense dignement, qu'il travaille et rêve d'arriver au centenaire
de la Révolution avec quelques-unes des vertus des
aïeux ; des gens assez bénis pour conserver encore
une opinion nette et résolue, — comme une foi en
ceux qui délibèrent et conduisent...

Et M. de Lacretelle jette sur eux sa prose qui douche : c'est le saint Médard de la politique.

Pauvres gens, si vous saviez, il n'y a plus ici que
des canailles ! Paris vous la fait à la blague ; barri-
cadez vos usines, laissez vides vos sillons, fermez vos
volets, — c'est un nouveau Sedan !

N'est-ce pas que cela donne vraiment la confiance ?
C'est avec ces nobles paroles, avec cette fière croyance
qu'on marchera l'âme ardente et le clairon joyeux !
Au dedans, pourriture ; au dehors, défaite irréparable.

Rien à l'horizon que le drapeau fuyant, que le Pot-de-Vin qui se sent devenir dieu, rien que les tintements d'argent, rien que les soupirs.

Allons, c'est ici qu'il faut applaudir Déroulède !

« Prose rimée, dit le Parnasse, avec des airs de pudibonderie effarouchée. Prose si l'on veut, — mais cette prose rachète l'autre, celle qui se tient en bas, toute néfaste en sa platitude, celle qu'on laisse couler inconsciemment, comme un venin, là-bas, chez M. Bescherelle, près du groupe de Laocoon !

C'est du Palais-Bourbon, à cette heure décisive, que partent nos désespérances. Ils sont, là, plus petits et pauvres que le dernier des Simon Gigoux que montre Balzac. Parfois, ils s'insurgent contre la férule de M. Brisson : on n'a pourtant que le pion qu'on mérite.

Oui, tandis que le pays veut vivre, se sentir au cœur la flamme chaude et dans le bras la vigueur mâle, la Chambre potine comme font les vieilles au coin de l'âtre.

Le clocher de leur village bourdonne tellement dans l'oreille de nos députés, qu'ils n'entendent plus le grand cri du pays.

Il n'y a plus, à la tribune, une voix qu'on écoute ; il n'y a plus que l'engueulement qui gronde sur les bancs. Ici, c'est Basile craintif ; là Gavroche grossier.

Et toute cette comédie ne veut pas se contenter des trente-six murs qui l'abritent. Après le néant de l'*Officiel*, il importe encore de faire assavoir aux pauvres gars de province qu'il ne faut plus compter sur rien, que c'est n-i-ni !

Et c'est parce qu'un plumiste, entêté du linge sale de la Corse, s'est fait assassiner à l'ajaccienne, tout naturellement, — assez ordinaire espèce en somme, pour cette vendetta que Mérimée a si haut placée, — qu'en France tout est déshonoré et perdu !

D'aucuns trouvent un régal, — une consolation à fraterniser avec ce *Sampiero* que je viens de parcourir et qu'il faudrait répudier tout d'abord pour invoquer la pitié qui peut être due à la fin de son inspirateur.

Ce *Sampiero*, ah ! voilà le journal; ce journaliste, ah ! voilà l'indépendant. Ce qui s'écrit chez nous, ce que l'on pense ici, on ne saurait patriotiquement ni le lire, ni l'entendre. Le mouchoir de Tartufe ne serait pas assez large pour couvrir tant d'indécence.

Passe pour maître Laguerre, frais sorti du nid et qui, peut-être, cherche encore contre quelles vitres il va faire donner décidément son talent...

Mais M. Henri de Lacretelle n'est plus un jeune jeune. On lui donne à double titre de l'honorable, — et c'est pourquoi je m'insurge contre cette épître malencontreuse par laquelle il s'en va semer la terreur, comme s'il tenait la peste en sa dextre.

Qu'il veuille bien accepter avec moi qu'un nouveau Sedan ne nous attend pas à la porte. Il a fourni à son petit peuple de Saône-et-Loire des phrases superbes, telles que les affectionnait et les réussissait mon

collaborateur du *Matin* Jules Vallès : — un brin de
vérité aurait fait mieux.

D'autant que, cette fois, la vérité est consolante et
belle à dire. Nous nous calomnions nous-mêmes par
genre, par plaisir.

Si nos députés doivent revendiquer l'honneur de
cette calomnie à la mode, — vive le député de Bom-
bignac !

# JEUNESSE

Je sais bien qu'elle aurait dû se taire, la foule !

Je sais ce qu'il y a de belle folie et de témérité dans son indignation ; je sais qu'elle aurait dû passer silencieuse devant ces drapeaux allemands, étalés le long du balcon de l'Hôtel-Continental, dont le ragoût se pique d'être cosmopolite.

Au front de cette maison, où nous avons acclamé Hugo, où les Femmes de France se sont réunies, où M^{me} Adam a présidée l'œuvre d'Alsace-Lorraine, où Sellenick a fait éclater la *Marseillaise*, où toutes les idées vives, généreuses, confiantes, se sont groupées si souvent, dans la passion de la Patrie, un industriel n'a pas hésité à clouer les couleurs de l'Allemagne, comme pour oser un défi à tout ce qui s'est dit, célébré, rêvé chez lui.

On pouvait dédaigner, sans l'oublier, cette aveugle courbette aux voyageurs...

Mais nous n'en sommes pas encore à tant de sagesse, à tant de dissimulation ; je comprends et j'excuse la colère qui est venue étourdir cette jeunesse au moment même où, rangée en masse, elle apportait à la statue de Strasbourg l'immortelle de France.

Elle s'est sentie la balle au cœur, elle a protesté, elle a repoussé ce drapeau dans lequel on enveloppera glorieusement, sans doute, les restes de **M.** de Bismarck.

On peut condamner cette imprudente sincérité, — mais elle a pour moi tout le prix d'une belle promesse.

Trop d'oubli déjà semble venir. Tandis que l'Allemagne, pendant un demi-siècle, a façonné ses hommes d'après Kœrner et qu'elle a semé dans l'âme des petits docteurs en théologie, toutes les haines du paradis, nous, nous n'avons qu'un poète de la guerre, — et nous le blaguons.

On met aux jeunes le sac au dos, le fusil au poing, et on veut qu'ils pensent comme des vieux !

Ils ne doivent sentir ni le frisson du drapeau, ni le frisson des chants du soldat de Deroulède. On leur reproche de ne pas se rappeler que ces trois couleurs qui pavoisent le Quatorze Juillet, sont là uniquement pour aider les affaires de la rue du Sentier. On leur dit qu'il ne faut pas écouter ce poète dont le patriotisme ne fait pas d'hydrothérapie.

Eh bien, si vous prétendez qu'à jamais tout reste dans l'ordre, que bourgeoisement nous enfermions tant d'espérances dans l'acajou, éteignez la flamme jusqu'au bout ; supprimez le bataillon scolaire, si vous voulez qu'il n'ait ni la jalousie ni l'ambition du drapeau ; n'enseignez plus l'histoire d'Iéna, si vous voulez qu'on reste calme devant l'histoire de Sedan !

Personne n'a osé soutenir cette jeunesse, et on la livre à la presse allemande — qui la traite déjà comme elle a traité les vaincus d'il y a quatorze ans, elle qui est pourtant notre fleur nouvelle, notre sauvegarde, notre demain.

Que la *Gazette de Cologne*, que la *Gazette de la Croix* ridiculisent et menacent la France jeune, qu'importe, nous connaissons ce sifflement de reptile, nous qui avons connu aussi les *lied* que nous chantaient les filles du Rhin, les blondes !...

Mais que chez nous, on vienne faire un crime de sa jeunesse à la jeunesse, que tous se lèvent pour réprouver, qu'on répudie cette ardeur qui est dans notre sang même, non pas !

Allons-nous être un peuple de petits vieux, préoccupé seulement d'organiser méthodiquement, d'entasser les progrès comme un avare, de thésauriser à perte de vue ?

Nous mettons maintenant comme un orgueil à déclarer que nous sommes incapables d'improviser ;

nous nions nos vertus par excellence et nous les donnons sottement aux autres.

Plus d'élan, plus d'enthousiasme, c'est le mot d'ordre ; on regarde du mauvais œil le plaisir qui vous prend devant le régiment qui passe.

Quand une fête patriotique gronde, et quand la jeunesse défile dans ces rues du Quatorze Juillet où ce pauvre Gilles promenait autrefois son Ratapoil, tout surpris de voir encore tant de drapeaux, lui qui pensait les avoir livrés tous, on se montre inquiet pour un cri poussé trop haut, pour une fusée partie trop loin — dans la direction vague de l'Alsace !

Je ne veux pas revenir sur un incident clos ; ce que j'écris n'est pas pour hier, — c'est pour demain.

Je voudrais qu'on affichât moins de pitié pour les impatiences de la jeunesse ; l'Allemagne n'oublie pas sa victoire, — comment ne pas excuser ceux qui n'oublient pas la défaite !

Ce n'est pas avec dédain qu'il faudrait accueillir les cris de douleur ou de colère de ces jeunes, poussés et grandis dans le voisinage de notre déroute et qui ont l'obsession de l'Année Terrible.

L'Allemagne est devenue la nation forte, parce qu'elle s'est entretenue dans le souvenir et le ressentiment...

Les jeunes de là-bas n'ont bu jamais leur vin du Rhin qu'à la mort de la France, et aujourd'hui encore, malgré Strasbourg et Metz, malgré la rancune, malgré la triomphale fortune de l'empire proclamé à Versailles, c'est nous qui payons la mémoire de Napoléon.

Le Troisième ne leur a pas suffi, pour assouvir toutes les haines fondées par le Premier !

Et l'on vient demander à ceux de chez nous d'être bien calmes, biens gentils, bien poupons !

Insultés, dans leur Paris même, sitôt qu'ils se laissent entraîner à une colère légitime, on crie à la furie française et on les accuse de nous perdre...

Hé ! souffrez que nous soyons battus — et mécontents !

Loin de déplorer la généreuse spontanéité de nos foules, il la faut cultiver avec piété.

C'est toute l'âme des soldats d'Italie, dont la devise était « Quand même », que je voudrais voir passer dans la jeunesse de France...

Comme eux, quand nous n'aurions rien pour nous, avec nous, nous serions riches encore, si nous avions toujours la tête près du bonnet et le courage près du cœur !

Inutile d'attendre, pour entrer dans la carrière, que nos aînés n'y soient plus.

# LA VIEILLE D'ALSACE (1)

*A la mémoire de mon pauvre ami*
*le peintre Jundt.*

Toute vieille, toute laide, l'Alsacienne traverse en courant la forêt obscure où l'herbe, les petites fleurs, les sapins sentent la poudre : et sa pauvre figure prend un air de belle jeunesse, par instants, et elle se redresse en crispant dans sa paume calleuse un haillon bleu, blanc, rouge.

On s'était battu, la plaine encore tremblait ; au fond de la vallée, c'était notre défaite que des fifres et des chants furieux criaient dans la nuit, et quand

(1) Ce récit a paru dans le journal créé pour la fête des « Victimes du Devoir ».

cette clameur montait jusqu'à elle, la vieille marchait plus vite, et le long du chemin ses sabots claquaient lugubrement.

En bas, dans le village, elle avait sa maison, bien claire et joyeuse, et elle était restée là, seule, la vieille, les volets clos, avec ses bœufs qui pleuraient dans l'étable, tandis qu'au loin la bataille tonnait. Tout d'un coup, sur la place, un galop désespéré, des douleurs et des rages qui hurlent : anxieuse, la vieille par la lucarne regarde — et c'est la déroute.

Dans la rue, des soldats raidis déjà en leur pantalon rouge, des traînées de fusils et de sabres, et puis, le soir, les Prussiens !

La vieille, dans le village planté de casques, erre au hasard, courbée sur ces débris, l'œil morne, avec l'effroyable souffrance de parler la langue de ceux qu'elle hait.

C'est donc fini ? La France vient de passer devant elle, pour la dernière fois peut-être, et combien saignante !

Soudain, sur la route, au bord du fossé, dans l'herbe écrasée, elle voit, qui brille faiblement au crépuscule, une aile d'aigle, et auprès un morceau de drapeau meurtri : la vieille s'agenouille et pieusement recueille cette loque perdue.

Avec ce pauvre haillon, elle parcourt le village et crie : « Vive la France ! »

Un soldat l'arrête, elle se dégage ; d'autres la rejoignent, elle s'échappe encore ; on va la saisir, lorsqu'elle se précipite vers sa maison, s'enferme — et par le jardin, sans se retourner une fois, haletante, s'enfuit du côté de la montagne et des forêts profondes.

Et elle marche, la vieille, âprement, n'ayant en elle que ce rêve : rapporter aux nôtres ce lambeau du tricolore, retrouver encore devant elle un soldat de chez nous et lui restituer ce trésor, — un bout de drapeau.

Ce haillon, elle veut qu'il soit remis en belles mains françaises; qu'il redise le devoir immortel dont, pauvre humble, elle a la vision superbe.

Toute la nuit, épuisée, dans ce grand silence, se heurtant aux pierres des *burgs* que la lune pâlit, sous bois, dans les broussailles, — elle avance.

Au matin brusquement elle s'arrête, l'oreille pleine de gazouillis, incapable d'abord de démêler ce qu'elle entend au loin : au loin, pourtant, c'est le clairon qui sonne !

La vieille alors, le cœur troublé, s'élance : ce sont eux, les Français, qu'elle retrouve là, — enfin. En avant du campement, un officier; la vieille court à lui, desserre sa large patte et, sans mot dire, lui rend le bleu, le blanc et le rouge...

Et le soldat comprit la pauvre femme.

Il reçut la chère loque, et la baisa, silencieux lui aussi : quand elle eut ainsi rendu à la France ses trois couleurs, la vieille, sur l'heure, s'en retourna, par le même chemin, simplement.

En redescendant de la montagne, la vieille cherche des yeux, comme un refuge, son toit rouge et gai : plus rien !

Elle s'approche, — tout a croulé.

Ils ont brûlé sa maison, ils se sont vengés sur les choses.

Elle pénètre dans cette effroyable dévastation, sans une larme elle va s'asseoir sur ces ruines : et ainsi, le devoir accompli, sereine dans sa misère, chez la vieille d'Alsace palpite l'âme même de la Patrie.

# LA CROSSE EN L'AIR

Un général prussien vient de mourir qui était
entré dans l'armée à l'âge de douze ans ; il a assisté,
de 1806 à 1815, à dix-sept batailles,

Donc, en ce temps-là, la Prusse annihilée par
Napoléon, toute sous notre talon, en était réduite à
jeter son uniforme sur le dos des enfants, à placer
son épée dans la main des petits !

Vit-on jamais chute si profonde, si fumant désastre
— et si redoutable renouveau.

C'est dans le silence seul que cette œuvre de re-
dressement a pu s'accomplir, avec une énergie sans
déclamations, avec une volonté de fer, avec un magnifique égoïsme que rien n'a distrait.

Le peuple entier s'est retrempé dans la haine, il a
eu l'obsession de la Patrie, il a su faire reculer les

phraseurs malsains, faire justice des révoltés de profession, — et le but effroyablement rêvé, il l'a touché de sa lourde patte...

En France, voici que pour répondre aux souvenirs, aux efforts surhumains, aux farouches labeurs qu'évoque la mort du fameux général Niegewand, nous avons précisément la proclamation de la *Jeunesse antipatriote*, exhibée dernièrement à la salle Rivoli.

Je sais bien qu'elle a été exhibée du haut d'une table, sur une chaise, dans l'embrouillis d'une de ces réunions publiques que montre le dessin de Jean Béraud ; je sais que nos soldats font mentir superbement une si prodigieuse infamie, — mais c'est là pourtant comme une ombre sur nous, que l'étranger exploite et dont il se réjouit.

Aux heures troublées, quand il lui fallait se recueillir et se remettre de la vie sous la peau, la Prusse n'a rien produit de pareil.

Récemment même, encore, le socialiste Bebel, tout épris de fraternité, déclarait que, pour lui, il n'y a pas de frères en France.

Chez nous, cependant, des jeunes se lèvent pour combattre la Ligue des Patriotes, qui abrutit la jeunesse ; c'est un groupe qui veut fraterniser avec l'ennemi ; ses membres, appelés sous les drapeaux et sur les champs de bataille, abandonneront leurs armes et tendront la main aux envahisseurs.

Oui, ma foi ! c'est écrit, c'est dit, c'est juré !

J'entends d'ici qu'il faut dédaigner ces turpitudes, que ce sont là d'obscurs affolements et d'impuissantes rages : j'estime toutefois qu'il importe de ne pas traiter cette maladie comme un rhume : par le mépris.

Elle se propage, elle tient le faubourg, elle frappe dans l'atelier.

Il y a quatre ans déjà, je l'ai vue étalée dans toute sa lèpre. C'était au cirque Fernando, un triste jour.

M. Clémenceau essayait d'expliquer sa politique à la foule hurlante qui faisait la vague sur les gradins.

Soudain, un voyou pâle escalade la tribune, un gourdin dans une main, le poing de l'autre crispé, et, arrêtant brusquement le député, il s'écrie : « Vous parlez de Patrie, n'en faut pas, y en a pas, à l'eau ! »

Et ce « frère » n'est pas un monstre isolé ; l'espèce en est répandue, active, — contagieuse.

Elle a ses héros — et ses leaders ; des vibrions en chef et même des bacilles de talent.

La chronique que M. Vallès a publiée sur le général Négrier, me semble pouvoir être de tous points un argument, — et une grande joie pour ces Français qui ne sont plus ceux de la décadence que disait Rochefort, mais ceux de l'irrémédiable pourriture.

Désigner ce général, qui n'a d'autre politique que celle du devoir et de la patrie à redresser, à la suspicion des partis ; en faire, parce qu'il grandit en élevant le pays, l'épouvantail de toutes les haines de carrefour ; parce qu'il est victorieux, — parce qu'il est le soldat heureux, le dénoncer comme le soldat qui fera chez nous des esclaves, le tyran à l'horizon, le sabre maudit, — c'est une complaisance coupable, c'est une besogne mauvaise que rien n'explique — sinon l'art de chroniquer.

Et c'est au moment où les trois empereurs, entre une chasse et un déjeuner ont échangé le baiser d'alliance ; où l'Italie leur propose la collaboration de sa botte géographique ; où la haine légendaire de l'Angleterre se ranime et s'agite — tandis que l'herbe pousse et monte, près de la mer, sur les vieux forts abandonnés que Vauban déjà semait contre elle le long des côtes, c'est à ce moment que des hommes de chez nous, des jeunes qui sont demain, parlent de baisser le pavillon et de lever la crosse !

Allons c'est ici trop de fraternité, — ou mieux, c'est trop de souci du copain.

A nous le Misanthrope, à nous Alceste.

Avec ces belles déclarations de tendresse universelle, la France paraît comme une vieille guerrière qui tombe dans la romance.

Elle combat, elle lutte, elle triomphe encore, — et pourtant l'Europe peut feindre de ne pas croire à une ardeur si crâne et si virile !

La faute en est au clinquant des fausses fraternités qui partent d'ici : il faut n'avoir jamais dépassé les douaniers d'Igney-Avricourt et de Vintimille, de la

Belgique et des Pyrénées, pour penser qu'on ne retient pas à l'étranger ces déclamations de préférence.

Sur le moindre indice, sur la plus légère apparence on crie parbleu : « La France est finie ! » Cela flatte les autres, cela est plus rassurant.

Quand il nous voit si préoccupés d'utopies, de belles pensées et de belles œuvres, l'étranger ne regarde pas à dire de la France : « La bonne femme ! »

Bonne femme, — parce qu'un inondé ne peut se sécher au soleil sans qu'elle lui apporte un brin de flanelle ; parce qu'un incendié ne peut soigner sa grillade, en un point quelconque des quatre vents, sans qu'elle souscriptionne aussitôt : parce que les *Horreurs de la guerre*, telles que les rendait autrefois le maître lorrain Jacques Callot, la font palpiter et pâmer dans la personne de quelques-uns de ses plus jeunes !

Eh bien ! il ne faut pas que plus longtemps cette sottise se débite, se développe, s'accentue. Assez de fêtes, de charités et de sentimentalisme.

Plus une faiblesse, plus un sou, plus un sanglot pour les malheurs d'autrui. Je suis pour l'égoïsme féroce en matière de patriotisme.

Pour nous-mêmes, gardons nos bienfaits et réservons nos vertus ; le rêve de la fraternité doit finir à la frontière.

Quand elle n'est pas un calcul, une affaire personnelle d'intérêt, la théorie des « frères » éparpillés à

travers le monde est une vaste duperie : par un singulier contraste, l'Idée de patrie se diminue en
s'élargissant.

Je tiens pour le vieux patriote, envers et contre
tous;— il existe, il fleurit, il est à lui seul notre espérance ; pour celui qui s'enferme dans l'amour étroit
et jaloux du pays et qui s'en va, murmurant, lui
aussi :

> Et je ne hais rien tant que les contorsions
> De tous ces grands faiseurs de protestations,
> Ces affables donneurs d'embrassades frivoles,
> Ces obligeants diseurs d'inutiles paroles
> Qui de civilités avec tous font combat...

Voilà !

A l'heure où nos soldats se font tuer et nous ra-
chètent grandiosement, il ne faudrait pas que les
étrangers trouvassent une fiche de consolation, une
revanche à leur dépit, avec les pékins anarchistes.

Chez nous, pour nous !

# UN SUICIDE

Un matin, toute une petite ville de Picardie accompagnait au cimetière la dépouille d'un suicidé...

L'enterrement était civil, — la cloche des morts n'avait pas sonné à la paroisse : et pourtant l'homme qui s'en allait ainsi, c'était un prêtre !

Incrédules et fidèles se pressaient derrière ce cercueil inbénit, qu'aucune croix ne marquait, et qu'encensaient seules les pures et vivaces fleurs de la campagne.

Ce long cortège se déroulait dans une tristesse émue, — que traversaient par moments des colères. C'était une manifestation éloquente de la conscience et de la justice publiques, une unanime réparation, que cette conduite à la tombe...

Tous, également, et les plus opposés d'opinion, se groupaient de la sorte pour venger de ses souffrances, de son martyre, un homme d'église, — que des persécutions religieuses venaient de tuer.

Le séminaire et la messe n'avaient rien pu sur la raison droite et l'intelligence de l'abbé Marchant : il était resté homme indulgent, libéral : il en est mort à trente-deux ans.

L'Eglise a enveloppé de toutes ses sourdes haines ce prêtre qui se permettait de penser ; pendant huit ans, il a été espionné, dénoncé, harcelé d'un presbytère à l'autre.

Rencontrait-il dans ces étapes incessantes un repos, une sympathie, on l'arrachait aussitôt de ce coin de terre, où il pouvait compromettre Dieu ; il retrouvait les mêmes humiliations partout; partout l'épreuve se continuait férocement.

En dernier lieu, on l'avait envoyé à Poix ; — et il était parti sans une plainte, disant adieu, comme l'*abbé Célestin* de Ferdinand Fabre, à tout ce qui l'aimait, sans un murmure, espérant peut-être qu'il allait enfin, cette fois, pouvoir vivre ignoré, honnête et loyal ; enseigner Dieu tel qu'il le concevait : plus haut que le catéchisme et l'évêché ; la charité telle qu'il la sentait en lui : non pas dans des brumes métaphysiques, mais humainement, au niveau des faiblesses et des misères.

L'abbé Marchant n'a pas espéré longtemps : à

peine arrivé, il se heurte contre un ennemi placé là,
— pour l'achever.

Le doyen de Poix reçoit son vicaire en esclave qui
doit obéir, marcher dans son ombre, se courber sous
sa leçon.

On ne lui confiait plus le troupeau, — on ne faisait
de lui qu'un chien de pasteur.

Et alors, dans ces persécutions qui allaient toujours se serrant ; dans cette impuissance de faire ce
qu'il jugeait le bien où on l'étouffait ; dans ce perpétuel outrage à sa dignité et à sa sincérité ; dans cette
suspicion dont on frappait son activité ; dans le
rabaissement de ce christianisme auquel lui, pauvre
fou, il avait cru et s'était immolé — alors il a perdu
le courage et la force ! !

Il a reconnu qu'on ne peut être prêtre sans être
instrument ou complice ; un immense désespoir lui
est venu et un dégoût pour ce chemin tortueux
qu'on lui commandait de suivre, — à lui qui avait
rêvé la route large !...

Et un soir, dans sa petite maison, brutalement, il
s'est fait sauter le caisson, ce prêtre — comme un
homme, se donnant seulement cette suprême re
vanche : d'infliger à l'Eglise, qui incrimine le suicide,
le cadavre d'un des siens — suicidé à cause d'elle.

Le dernier être auquel il ait écrit, c'est au médecin. Et il y a je ne sais quelle ironie rare à voir ce
prêtre s'adresser, comme à un dernier ami, au
médecin de la petite ville, — à ce praticien des

choses humaines, que la tradition montre volontiers
brouillé avec le presbytère et fréquentant chez
M. Arouet !

L'abbé Marchant aurait certes pu trouver à placer
ses désillusions et son intelligence ; comme d'autres,
il aurait réussi des conférences à bénéfices et des
chapelles à tapages : il doit y avoir encore des salles
de café-concert à louer rue Rochechouart.

Comme d'autres, il pouvait offrir sa soutane à la
chronique, déclamer en plein Cirque, se poser en
apôtre et attirer de malsaines curiosités !...

Il a préféré disparaître et dans la force de la vie, se
supprimer net, sans cabotinage.

C'est parce qu'il était brave, et franc, et croyant
qu'il a voulu s'anéantir, sans qu'aucune accusation
ne puisse faire ombre ou tache sur sa sincérité...

Et ainsi, ce silence où il entre en dit plus et parle
autrement que toutes les récriminations et les
révoltes.

L'Eglise se relève des prêtres qui jettent, avec
musique à l'orchestre, le froc aux orties, voyagent
pour leur apostasie et la mettent en actions...

Mais cette mort-là lui est un coup terrible.

Ce prêtre qui se délivre désespérément des gens
auxquels il s'est confié, des serments qu'il a donnés,
des choses qu'il a épousées ; qui se tue aussitôt qu'il
a vu clair, — et ne reconnaît que la mort comme
capable de l'affranchir, ouvre sur la ténébreuse pro-
fondeur du cléricalisme d'effroyables vues.

L'église, en se tenant fermée devant ce cadavre qui passait, en retenant ses cloches et son bedeau, proclamait en même temps combien ils se trompent et combien ils sont hors de son esprit, ceux qui s'avisent de croire encore qu'elle peut être libérale, généreuse, — chrétienne.

Si l'abbé Marchant a désespéré de sa mère, l'Eglise, — combien la France, qui n'est même plus sa fille cadette, doit désespérer davantage !

Allons, que cela soit bien entendu cette fois ! Un homme se sent des vertus de dévouement, de sacrifice, d'enthousiasme, — qu'il aille tout simplement les porter à la vie au soleil !

Il aura là de quoi se dépenser, être compris, être grand.

Personne ne songera à l'étouffer, — on lui fera tout au contraire la place large et libre !

En accompagnant la dépouille de l'abbé Marchant, avec une piété bien laïque, les petits villageois de Picardie ont rendu l'hommage nécessaire et dû à ce tempérament d'action, étranglé par l'Eglise.

Ils ont dit en même temps quel culte prime tous les autres : celui de la charité, de la probité, de la vaillance humaines.

# LES BAPTÊMES DU DOCTEUR

Joffrin cligne de l'œil, Joffrin exulte : il a rencontré enfin dans le Conseil des hommes capables de se hausser à sa taille.

Quel orgueil pour Joffrin que la proposition du docteur Fiaux, et quel beau jour que l'appui de M. de Ménorval !

Le docteur Fiaux a donné un livre apprécié sur la *Commune et la Guerre civile :* mais il semble pousser ses convictions d'auteur jusqu'à considérer ce livre comme un monument gigantesque derrière lequel se ratatine le passé.

L'histoire pour lui, part d'il y a dix ans : il fait table rase, et dans sa cartésienne ardeur, biffe les siècles.

Déjà les rues et les lycées ont perdu leurs noms et

pour eux on s'est mis à la recherche de la paternité idéale, tandis que le public gardait son bon sourire de témoin résigné : voici maintenant le tour des hôpitaux.

L'Hôtel-Dieu, la Pitié, la Charité, Saint-Louis et Saint-Antoine doivent être débaptisés : tout ce qui perpétue des souvenirs et des croyances contre lesquels on proteste depuis que la lumière rouge des incendies de la Commune a éclairé le monde, comme on sait, — il faut l'ôter des yeux.

Pour ne pas laisser oublier qu'il est docteur, M. Fiaux demande à purger ces cinq hôpitaux de leur mal de noms infâmes.

Et il propose de remplacer Hôtel-Dieu par Ambroise Paré, Pitié par Solidarité, Charité par Droits de l'homme, Saint-Louis par Boërhaave, Saint-Antoine par Velpeau.

Que ne trouve-t-il aussi le moyen de remplacer pour le misérable, le petit lit d'hôpital par le lit qui est toujours bon et grand, — le lit qui est à soi !

Qu'il souffre et pâlisse sous l'invocation de saint Louis ou de Boërhaave, il s'en moque bien le pauvre hère !

La maison n'en sera pas moins lugubre et cruelle, le drapeau tricolore qui flotte sur l'amas triste des murailles n'en indiquera pas moins l'aumône publique, parce qu'on aura pompeusement, en place de la *Charité*, proclamé sur la façade, les Droits de l'homme !

Les Droits de l'homme? Ah? vraimment on y songe bien le long des salles blanches où l'interne vous numérote, en jouant avec sa pelote à épingles.

En ces moments-là, les droits de l'homme ont l'air d'être une ironie atroce : le droit au malheur, oui, c'est le plus clair.

La phtisie se moque un peu de ce que peut dire Joffrin! — Ah! c'est beau les droits de l'homme et les phrases, et les sous-commissions du pavillon de Flore, quand on n'a pas un radis pour casser sa pipe en famille.

Il y a vraiment trop d'impudence à jongler ainsi avec les pauvres diables, et le charlatanisme est trop effronté.

Le conseil municipal peut bien ôter à M. Camescasse sa voiture, la voiture de remise d'une administration, dont le préfet est souvent la cinquième roue : l'incident égaye ; mais je m'insurge quand il a l'excentricité funèbre.

M. Fiaux affirme que parmi les vieilles choses indignes de ce temps, parmi les préjugés, dont une époque libérale et enflée de progrès doit se défaire, brille la Pitié.

Il ne veut plus de ce nom-là : ce nom rappelle trop cette ère maudite que l'*Histoire de la guerre civile* a définitivement fermée.

Pitié? Allons donc! la bonne farce!

Cela sort du cœur, voire des nerfs, de tout ce qui s'émeut, et l'on sait que de l'émotion n'en faut plus!

M. le docteur Fiaux propose de substituer à la Pitié, — ce qui ne meurt pas, la Solidarité, ce qui lie en politique humaine Gugusse à Totor.

Sans discuter ici de. quel philosophe nous vient l'enseignement de la pitié, elle apparaît en dépit de la restriction des *Maximes*, comme la dette des êtres ; elle ne se raisonne pas, et Voltaire, l'a expliquée toute en ce vers :

> Il suffit qu'il soit homme et qu'il soit malheureux.

La vertu dont M. Fiaux se fait le crieur public, est une vertu de rhéteur.

Gardez la solidarité pour en gonfler vos discours, cette maigre et pédante espèce, gardez-la.

La solidarité se trouve dans le code : ce qui me fait aimer la pitié, — c'est qu'elle ne s'y trouve pas !

Les hôpitaux, en changeant de noms, vont prendre une couleur : les souffrances des humbles porteront la livrée du conseil municipal.

Boërhaave, — un Hollandais du xviiᵉ siècle, et Velpeau que de nombreuses et célèbres épigrammes montrent si petit malgré toute sa science, coupant les hommes en deux et les liards en quatre, Boërhaave et Velpeau vont patronner singulièrement les quinines et les élections des conseillers !

Mais M. Fiaux sera satisfait, il aura fait son bruit dans la cohue. Quel homme ! doit se dire Joffrin.

Ni Saint-Louis, ni Saint-Antoine ne rencontrent

grâce devant lui, — il se moque du chêne et du boudin.

Le conseil municipal, quoique siégeant au Pavillon de Flore, fait marcher le monde intelligent sur des épines.

Tandis que les uns se préparent à une œuvre utile, les autres s'escriment dans le ridicule et choisissent au flanc des murs, des inscriptions vieilles et chères, pour leur donner de la lance de Don Quichotte.

Je vous demande ce que peuvent bien augurer de M. Fiaux et de ses docteurs ès bêtises politiques, les pauvres gens que l'on entrevoit, boulevard Saint-Germain, dans une des cours de la Charité, tout pâles derrière le grillage des fenêtres, avec le bonnet de coton sur l'oreille, et la tasse de bouillon au poing.

Ceux-là pourtant, ce sont des convalescents, flageolants et maigris : la vie va recommencer bientôt pour eux, ils vont rentrer dans leurs devoirs, — mais que leur font leurs droits à cette heure, leurs droits de l'homme surtout !

Une bonne place, un peu d'argent, un peu d'espérance, voilà ce dont M. Fiaux devrait se préoccuper, lui le moderne père du peuple ! voilà le problème.

Du bruit, il en ferait tout autant et je le lui garantis durable, le jour où même en petit — selon ses

moyens, il proposerait un progrès en place d'un enfantillage.

Au lieu de s'attarder à cette mesquine rancune
des choses, au lieu de rebaptiser l'hôpital, mieux
vaudrait encore rêver à cette utopie splendide : —
l'enterrer !

# LE MOT TERRIBLE

Au milieu de la discussion sur la loi militaire, le général Campenon, pour bien prouver que lui, au moins, n'a pas gagné sa graine en faisant des sonnets à la lune rousse dans l'antichambre de M. Wilson, a jeté dans le débat un « taisez-vous ! » tout retentissant et casernesque.

On ajoute même que ce « taisez-vous ! » a été suivi de certaine petite phrase..., oui, celle-là même qui fait le désespoir de M. le maire d'Eu.

C'est à M. Charmes, content quelques députés à l'ouïe fine, que le ministre aurait adressé cette apostrophe naturaliste. Je conçois la grimace de ce politicien éclos dans le *Journal des Débats*, où on se vante d'avoir le nez subtil, mais j'avoue que ce souvenir Cambronnesque ne me déplaît pas sur les lèvres d'un homme de guerre.

Il rappelle bien un peu Waterloo, — mais se rappeler Waterloo est un devoir.

Quand un pékin, comme M. Margue, s'oublie jusqu'à lancer ce mot fameux de la tribune bourgeoise, l'effet est navrant. M. Margue est une redingote; M. Margue est le beau-frère de Lapommeraye, qui est tout en miel de l'Hymète ; M. Margue est sans pardon...

Mais de la part d'une culotte rouge, d'un sabre, d'un vieux dur à cuire, ma foi c'est chose bien autre. En ce temps où l'on prétend tout renouveler, un soldat qui se risque à résumer son opinion, là, carrément, à l'ancienne, dans le seul mot qui rime à « perde », n'est pas pour m'indigner.

Soult en a bien produit d'autres, jadis, à la Chambre! mais c'est la mode, à cette heure, de s'effaroucher quand un soldat parle comme un soldat. Nous préférons qu'il soit toute en feuilles de rose, qu'il se pâme dans la *Vie Parisienne*, qu'il soit selon l'idéal de la comtesse Gyp de Martell, héros de Rallye-Paper, mussettiste et troubadour de l'écurie.

Il doit mourir en demandant la marche funèbre de Chopin, avoir un patriotisme pschutt et s'alanguir quand on parle de l'ennemi ; il doit chanter la romance, bel oiseau tricolore, et choisir ses termes délicatement, quand il s'agit du canon !

Je l'aime mieux grossier, comme s'il était sous le casque, brutal, sans peur, — non sans reproches, devant le mot honni qui est cependant le premier, le plus nettement éloquent, pour peu qu'on se sente une volonté et une conviction.

Hugo n'a pas accueilli ce ridicule et trop mondain euphémisme : « La garde meurt et ne se rend pas » il y est allé bravement du mot, il l'a noté comme un cri héroïque, il l'a souligné, recommandé par un superbe et tragique point d'exclamation.

Lancé par un soldat il signifie : « Advienne que pourra, j'ai dans moi une idée, j'ai devant moi une Patrie.

M. Campenon a eu tort de faire des excuses à M. Charmes, et de protester qu'il n'a pas eu l'intention de blesser son collègue : il n'y a nulle insulte dans ce mot, — il n'est pas athénien, mais il a été spartiate plus d'une fois.

Un général peut le sortir en toute franchise ; il a, tout au moins, ce mérite de signifier. Nous sommes beaucoup trop, en ce temps, à la Bridoison ; la forme nous envahit, et Dieu sait quel fond elle couvre, parfois. C'est le parlementarisme qui nous perd ; à mon sens, la polique ne doit pas être traitée avec la manchette de M. de Buffon.

Tony Révillon, par respect pour l'étiquette, rentre sa voix ; Clovis Hugues, en son coin, fait des odes au vin de Champagne, Clémenceau rêve à ses idylles, M. Freppel use un cornet à piston par séance...

Eh! allez donc, messieurs. Essayez un peu de la conviction brutale, tâtez de la grossièreté éloquente. Je voudrais voir séchées, chez l'herboriste, toutes les fleurs de rhétorique.

Il faudrait laisser cette poésie aux albums; un peu de prose ferait mieux notre affaire.

Ce sont les belles tirades, ce sont les discours de choix, c'est « le Sinaï » qui nous inquiètent. A toutes ces déclamations, à ce panaché huile et vinaigre, à cette « respectability » de la grande tribune nationale qui hante les félures cérébrales de M. Amagat, à cette phraséologie autour des choses, je préfère le mot, — fût-ce celui-là, celui-là surtout, tout vilipendé qu'il est.

M. Campenon, à l'unanimité, a été jugé coupable pour avoir employé ce mot que les poètes latins, Horace en tête, n'ont pas dédaigné: Hé, pardieu! quand le français, dans ses mots, lui aussi, braverait l'honnêteté, — en politique surtout, où plus d'une fois on a bu à même la chope!

Les uns sont pour qu'on s'écrie pompeusement : « Pas une pierre de nos forteresses, pas un pouce de notre territoire ! » — quitte à laisser prendre le territoire après la forteresse ; les autres estiment qu'il aurait mieux valu répondre simplement, soldatesquement, — et se faire tuer jusqu'au dernier pour avoir répondu de la sorte.

Pour moi, l'armée sera naturaliste ou elle ne sera pas. Au lieu de nous voiler la face, au lieu de faire des livres pour rire quand le corps de garde jure, nous devrions applaudir à ce juron.

Ce n'est pas sur l'air d'Amanda qu'elles ont versé leur petit vin blanc, les belles filles blondes de là-bas. Ce n'est pas avec la polka du colonel.

Un vigoureux s. n. d. D..., lancé d'une voix sûre, n'a jamais nui à la gloire française ; il faut être M. Camescasse, il faut souffrir comme lui d'une crise de vertu pour croire qu'une belle grossièreté peut nous être néfaste et nous déshonorer.

C'est de l'abondance du courage que naît le juron ; les gens sans enthousiasme ni flamme demeurent seuls, à travers tout état, corrects, épinglés, de bon ton.

Il faut n'avoir jamais rien pensé ou senti vivement pour se montrer dans une perpétuelle fleur d'éloquence, toujours à la température du salon ; pour traiter les questions d'où l'avenir dépend en habit avec le gardénia.

Gavroche à son heure, — voire Gavroche qui se permet un « zut! » très accentué, vaut M. de Coislin : j'ajoute qu'il est souvent plus rassurant.

Dans son coin de province, quand le bon bourgeois parcourant l'*Officiel*, tombe sur un rappel à l'ordre infligé par M. Brisson, il se dit volontiers que cette Chambre est inacceptable, qu'il faut la mener et mater durement...

Une Chambre où il n'y aurait que la causerie aimable après déjeuner, où tout le monde porterait des gants gris-perle, çe serait pourtant le pire symptôme...

A la rescousse, tous les jurons de Cadillac, voilà au moins qui est le mouvement et la vie ! Scrongnieu-gnieu ! A nous, Cambronne !

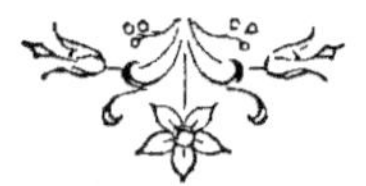

# LA PATRIE ET DARWIN

Déjà, autour de l'Exposition future, c'est un tohu-bohu d'intérêts, un bourdonnement d'intrigues.

Un monde spécial s'agite, les millions dansent dans l'air, des fortunes se complotent, des influences font prime. Il a suffi de l'éloquence de M. Edgar Monteil pour faire surgir toute cette cohue de chercheurs d'affaires.

Chargé du rapport général sur le principe de l'Exposition, M. Monteil a opéré sur ce thème, que toute guerre européenne est une guerre civile.

— En décrétant l'Exposition universelle, l'illustre président Grévy, a-t-il dit, a proclamé que la France n'entrevoyait pas qu'une guerre fût possible, et qu'elle voulait fêter la paix du monde en même temps que sa liberté.

Cette redoutable phraséologie a mis tout en branle.

Et nous assistons une fois encore à ce spectacle : la France appelant chez elle l'Europe qui la hait ou l'envie, et lui montrant jusqu'à quel point elle serait belle à manger.

La vérité, simple et sincère, est, qu'en ouvrant cette solennelle Exposition, nous livrons, sans que rien de l'expérience du passé ne nous profite, le secret de notre œuvre et de nos ouvriers à l'étranger, que, loin d'être une promesse de la paix qui fleurit, cette entreprise n'est que pour raviver les haines de là-bas.

Mais la rhétorique n'entend pas laisser nue cette vérité-là, même elle n'a pas assez de roses artificielles, de verdures sèches et de falbalas démodés pour la couvrir toute.

M. Edgar Monteil a paru, les cheveux en coup de vent, avec son profil d'aigle vieilli, avec sa bouche dédaigneuse, souriant au romancier qui est en lui, satisfait du politicien qui cache sa personnalité, fier du conseiller municipal qu'il est, et il n'en a pas fallu davantage pour nous tourner la tête.

Avec enthousiasme, à cette heure, on nous voit recevoir la parole de parade de M. Monteil — quand il n'y avait pas lieu de s'en occuper autrement, comme s'exprimait hier M. Monteil lui-même en parlant de Dieu.

Nous revoici tombés du coup dans la sainte et généreuse innocence qui nous a perdus.

Nous rêvons tout haut, en public, nous redevenons pour l'Europe les bons zigues de l'utopie dont on rit, qu'on bafoue — et qu'on tue.

Venir parler aujourd'hui encore de la fraternité des peuples, nous convier superbement à faire les frais de la paix de l'univers et de sa liberté, j'ose dire en toute indépendance que cela dépasse la naïveté permise.

Je me refuse à ce jeu qui ruine. Accrocher de belles théories à notre porte, faire le boniment à l'Europe et lui mettre sur la langue la soif du peu de richesses qui nous restent, ce n'est pas cette œuvre-là que réclame l'âge que nous traversons.

Je demande du biceps et des dents ; ce temps impose le plus superbe dédain des misères d'autrui ; il commande l'ambition unique de ressaisir ce qui nous a été pris et la Terre et le Milliard, la gloire du soldat et le renom du producteur.

Qui parle de la branche d'olivier ? C'est bien le moment, parbleu, de nous avancer, nous, Français, vêtus de blanc et chantant sur la lyre les immortels principes !

Qui parle de conquêtes pacifiques quand c'est la branche de laurier qu'il faut reconquérir ?

C'est à prendre profonde pitié de nous-mêmes, que de nous voir si fidèlement cramponnés à tout ce qui a fait nos douleurs grandes : le besoin de paraître meilleurs, de don quichotter, de nous poser en humanitaires attendris.

Nous avons lu le cri de guerre, et nous soupirons la romance ; la France a eu l'épée et la hache, elle a eu la force qui est l'éternelle majesté, — et voici qu'elle se fait sentimentale, comme une bonne fille qui a rôti le balai.

Laissons donc ce splendide dada ; cessons de nous croire nés avec une mission, — mettons-nous simplement à la petite hauteur du voisin.

Chacun pour soi : et puisque le puissant mange le faible, à nous l'obsession de la vigueur brutale.

Forgeons-nous des muscles, remplissons l'arsenal, hérissons de formidables machines la belle terre de France, et que le bras soit terrible et que le cœur soit haut, et que le souvenir soit impitoyable.

Le patriotisme doit changer à cette heure : il doit devenir une étroite et jalouse passion.

Au large les grandioses rêveries, au loin l'idée fixe de régner par le Bien, par le Beau, par le Vrai.

Certes, le poète est utile, sublime, digne de reconnaissance et de gloire, qui se lève et qui dit l'éternelle vertu des preux, l'amour sacré, la folie de l'âme...

Certes, il faut souhaiter qu'il se dresse parmi nous, il faut l'écouter pieusement et l'acclamer d'un immense cri de poitrine...

Mais un homme surtout nous donnera le secret du renouveau ; celui-là, c'est un révolutionnaire aussi

— non pas comme les nôtres, ceux d'il y a cent ans
bientôt, dans la note psychologique, idéale, céleste,
mais selon l'effroyable « Ananké » de ce temps...

Cet homme n'est autre que Darwin.

Il faut s'imprégner du savoir, des études, des dé-
couvertes de ce génie colosse, il faut songer sur les
solutions posées par lui pour pénétrer le devoir
véritable que nous impose le patriotisme d'aujour-
d'hui.

Pour n'être pas dévoré — dévore.

La sauvegarde, l'espérance, l'avenir, je le dis sans
honte fausse, est dans cette sauvagerie.

La dupe, dans l'effroyable mêlée qui menace, dans
cette obligatoire cruauté, dans cet égoïsme farouche,
auxquels vous condamne ce principe établi et béni
par le Dieu des armées : que la force prime le droit,
— la dupe, ce sera toujours le bon peuple, qui s'en
va jouer du mirliton et du pipeau rustique, qui
prêche la fraternité des peuples quand il n'y a pas
de frères et la paix quand il n'y a que du canon
Krupp!

Au lendemain de la Guerre, tous, avec une fiévreuse
joie, pouvaient accueillir l'Exposition.

Ces princes invités c'était dire que la République
prend place ; cet étalage de tout notre luxe, c'était
montrer les intarissables ressources de la patrie ;
cette activité déployée, c'était crier que, dans
l'épreuve même, nous demeurons debout et vaillants...

9.

Mais la preuve a été faite ; près de mourir, nous sommes rentrés dans la vie, aux yeux de tous, et avec de fécondes énergies.

L'Exposition de demain ne veut signifier rien de tout cela. Les moellons que l'on apprête pour cela ne serviront qu'à orner et à rendre plus alléchante encore la proie surveillée que nous sommes déjà.

Au lieu de consacrer tant de cœur et tant de fortune à remettre à nos rivaux le secret de nos industries et à célébrer la liberté de l'Europe, — mieux vaudrait consacrer tout cela, toute cette ardeur et tout ce superflu au soldat qui fait l'exercice, là-bas, près de la frontière, sur la grand'place, dans le calme de la petite ville !

# LA FÉE RIDICULE

Une fée nouvelle nous est née — et ceci n'est pas un conte.

Elle a vu le jour en pleine Académie, elle a été reçue à la vie, à l'immortalité plutôt, par plusieurs bons vieillards qui, de plaisir, dodelinaient du genou...

Mais tandis que le cercle de famille était souriant et joyeux, et qu'on applaudissait, M. Pailleron, le père de la petite fée nouvelle tenait une conduite étrange.

Montrant à tous ce fruit de ses veilles et l'élevant au-dessus des têtes, on ne l'a pas vu choyer, dorloter, célébrer son produit, ainsi que font les autres pères.

Il a paru sans entrailles et dénaturé — comme s'il

n'était pas bien sûr de sa paternité ; il a dit pis que
mal de cette pauvre fée qui venait de naître ; il l'a
chargée, elle l'innocente, des accusations les plus
noires ; il l'a convaincue, elle, la chère créature, des
plus lugubres crimes de ce temps.

Non, ce n'est pas un père ordinaire que M. Pailleron ; non, ce n'est pas un destin enviable que celui
de son enfantelet, la petite fée Ridicule.

Aussi bien cela ne surprendrait personne, si d'a-
venture elle était, vis-à-vis de son barbare auteur,
sans amour filial, ni respect, ni pitié ; si la misérable
tant calomniée se piquait de prendre sa revanche et
de se venger tout d'un coup de cet imprudent dédain.

Il en est même qui lui souhaiteront bonne chance
dans cette tâche et qui croient entendre déjà la fée
maudite s'exprimer ainsi :

— Papa, tu m'as dénoncée comme une grande
coupable et tu m'as déshonorée — quand je suis une
brave fille, quand je personnifie ce Ridicule qui
maintenant, en France, ne tue plus, mais fait tout
au contraire vivre tant de gens...

Puisque tu y tiens cependant, et par un dernier
égard pour toi, je veux m'incliner devant ton jugement... Eh bien ! oui, c'est moi qui suis la seule
cause de ceci, et je vais me servir de ta parole
même :

Papa, tu es fait pour parler rentes, dîner, billard,
bourgeoisie — et tu passes pour poète ; tu appelles

tes mots et boutades : du Molière, — et ton remue-ménage de paravents : du théâtre. Sceptique aimable, tu joues le crédule ; tu es arrivé à l'Académie par ta réputation d'homme d'esprit — et Scholl n'en sera jamais peut-être ; quand tu dis du bien de quelqu'un il ne faut pas te croire — tu te vantes !

Au demeurant, lorsque M. Edouard Pailleron malmène la pauvre fée Ridicule, il est oublieux et ingrat.

Les petits *Faux-Ménages*, les *Petites Pluies*, les *Étincelles* ne lui ont apporté jamais le succès qui persiste.

C'est pour avoir un jour, par hasard, pensé à mettre sur la scène un homme considérable, au mieux avec une personne qui ressemblait à la fée Ridicule comme une sœur, que M. Pailleron a rencontré enfin la belle veine.

Sans le Ridicule qui lui a porté bonheur, n'est-ce pas ô Bellac, ô Marie Edme Caro, que M. Pailleron ne serait pas encore votre cher collègue.

Pour moi, je ne vois pas la vie sans ce Ridicule précieux, qui la décore, la bigarre, la pimente, l'éclaire, l'allège, — l'excuse.

Dans un livre piquant, Sophie Gay tient que le ridicule est souvent l'enseigne de l'esprit et le cachet du génie, et elle en relève de fort jolis chez Racine, chez Pascal, chez Molière, chez Jean-Jacques...

Il faut ajouter qu'on ne compte que du jour où l'on a découvert en vous un ridicule caractéristique ;

les gens qu'on n'a pas rendus grotesques n'existent
pas.

La musique a l'orgue de Fualdès ; la vie, pour con-
sécration suprême, a la caricature.

L'*Éclipse* et la *Lune Rousse* ont fait plus pour
ceux de la politique des lettres et des arts que leur
œuvre propre.

Le faux-col de Garnier-Pagès, les souliers de
M. Dufaure, le parapluie de M. Thiers, voilà de la
vraie éloquence ; les louis savonnés d'Eugène Sue,
les chats de Baudelaire, les cravates roses et les
gantelets de Barbey, voilà du talent.

Je sais sur le boulevard un théâtre qui ne doit sa
fortune qu'au ridicule ; tel y joue la comédie parce
qu'il ne sait pas dire deux mots de suite, tel y chante
parce qu'il n'a pas de voix.

Tous également, sans variété même, ils sont ridicules là-dedans et le public ne leur trouve de talent
que parce qu'ils sont ridicules.

Mais si tout le monde était doué, sincère, droit,
équilibré, sans rien de travers, ni un cheveu, ni une
idée, ce serait un autre *Monde où l'on s'ennuie*.

Et mon indépendance ici va jusqu'à demander à
cette vertu que M. Pailleron, en jabot, faisait dégus-
ter hier, de ne pas être d'une correction trop rigide
— comme dessinée par Le Nôtre.

Je n'apprécie pas outre mesure la vertu en uniforme et qui défile, sans broncher, au vol des
cloches.

Quoiqu'elle ait pour elle l'autorité de **M. Paille**-ron, qui rêverait la vertu pour un peu, recouverte d'une housse — comme son salon — elle devient à ce jeu sèche, triste et prétentieuse.

Elle perd de l'inspiration qui la rend féconde et se change en une habitude sans mérite.

Qu'elle ait un brin de fantaisie, d'imprévu, voire d'incohérence!

Pour respecter la vieille brave femme que Flaubert montre courbée devant les bourgeois qui la dédaignent après un demi-siècle de servitude, je ne déteste pas cette vertu excentrique de M$^{me}$ Claude Bernard qui, en expiation des massacres de son mari, vient de fonder pieusement un hôpital de chiens, et se dévoue à l'enfance canine abandonnée ou coupable.

M$^{lle}$ Dosne ouvrant à l'improviste un refuge pour les jeunes gens de lettres qui ne trouvent plus d'ardoise à la crémerie ; M$^{me}$ Sarah Bernardt qui s'est écriée dans une conversation récente : « Je ne veux pas détourner un homme marié de son devoir », — voilà qui vaut bien un bout de discours.

Célimène corrigée brusquement ; Tartufe renonçant soudain à Elmire, M$^{me}$ Marneffe rangée tout d'un coup et M$^{me}$ Bovary n'allant plus en fiacre jaune, voilà qui ne serait pas indigne d'une petite guirlande de phrases.

A côté de la Vertu quand même, dans l'ordre, sucée au biberon, impeccable, je réclame pour la vertu par coup de foudre, parût-elle invraisemblable, patraque, — ridicule.

Elle est bien souvent ce qu'il y a de meilleur dans la vie : elle est méritoire et elle est pittoresque.

Au lieu de chanter et de couronner les Maries qui restent la Marie de Musset, l'Académie devrait soutenir, quand il en est, les Marions qui redeviennent Marie.

La petite fée Ridicule seule, est capable de pousser, elle la révolutionnaire qu'a dit M. Pailleron, à cette entreprise si bellement risquée.

Ce ne serait pas là un de ses moindres services. Ceux que la petite fée protège bravent tout...

Et dans cet aplomb qu'elle leur souffle, ils sont capables d'être bien inspirés, — tandis que les autres, ceux qui demeurent épinglés dans la routine, on les voit épouvantés dès qu'il s'agit de faire un pas contre un préjugé, et passionnés de tout ce qui est impuissant et vieillot.

Le premier manant qui a parlé de démolir la noblesse et le clergé était profondément ridicule en son temps : et l'on dit aujourd'hui, ô revanche de la petite fée, qu'il était héroïque !

# L'OPÉRA DES DANAÏDES

M. Carvalho a beau se préparer un petit jeu d'a-
touts ;

M. Halanzier inutilement rêve encore à cette belle
parole : « Le directeur est dans l'escalier » ;

C'est en vain que M. Lamoureux s'étudie à enduire
son caractère d'un miel charmant ;

C'est peine perdue quand M. Campo-Casso roule
en sa tête de ces idées qui l'ont fait en province sur-
nommer le Grand ;

Et je souris lorsque Louis Besson marche derrière
ses huit cent mille francs et qu'il les porte comme
un Saint-Sacrement ; et je pleure lorsque, magnifiquement gonflé, Gailhard s'en va bourdonner auprès
des choristes : « Je postoule, je postoule ! »

Toutes ces espérances, ces intrigues, ces initiatives réunies — tous ces efforts même mis en commun par miracle, n'y pourraient rien.

Pas plus l'un que l'autre — nul, parmi ces candidats, n'est capable de ramener la vie en cette bâtisse : c'est le nid maudit de la légende où les oiseaux se changent en pierre.

L'Opéra se meurt, il est mort : et ce n'est pas la musique, et ce n'est pas la troupe, et ce n'est pas le public qui tuent l'Opéra : — c'est le Bâtiment.

Les directeurs qui se succèderont là auront pour l'éternité à traîner ce boulet : la gloire de M. Charles Garnier.

Grâce à elle, pour eux maintenant, ni progrès, ni art, ni renom, ni fortune possibles ; on est pris au piège de ces marbres et de ces ors ; tout cela vous étreint, vous étouffe, vous dépouille.

On entre par hasard là-dedans avec une opinion, un programme, de larges projets, et, pour entretenir ce faux luxe, il faut faire je ne sais quelle indigne cuisine.

Perdu dans cette redoutable maçonnerie, accablé de charges fabuleuses, le directeur de l'Opéra est l'esclave du temple, et non pas son grand-prêtre.

Pliant sous le fardeau de tant d'architecture, il a le droit de s'écrier : « Quand le bâtiment va, rien ne va ». Les bonnes gens lui demandent de la musique, parce qu'il y a une lyre jaune sur son toit, et il est condamné à régler au Gaz plus de trois cent cinquante mille francs, et son armée de balayeurs lui en coûte trente mille.

La moitié de sa subvention passe déjà à éclairer les astragales de M. Garnier et à nous tenir les pieds propres. Avant de songer au plus petit *ut*, il y a les notes à payer.

Et ainsi, il est pauvre comme Job, dans un palais extravagant !

A engager la moindre étoile, à monter la moindre des œuvres, il s'achève, et sitôt qu'une défaillance le prend, il tombe...

Ah ! parbleu, c'est vite dit qu'on fait beaucoup pour l'Opéra ; il est privilégié, il émarge en tête, il accapare et dévore ; un objet quelconque que le hasard apporte sur sa scène lui est acquis ; qu'un décor paraisse une fois seulement sur ses planches, ou un costume, c'est pour lui, c'est à lui, et si M. Henri Darcel, le secrétaire actuel, qu'à tant de titres on désirerait inamovible, oubliait son par-dessus sur un accessoire, et que, d'aventure on vienne saisir à l'Opéra, le pardessus s'en irait comme un vieux pourpoint aux enchères. Mais ce ne sont là que fantaisistes profits et pour aveugler le pauvre monde des directeurs.

Ce qui reste absolu, c'est l'effroyable fatalité de la maison ; ce qui est indéniable, c'est que le gouffre est ouvert.

Le directeur de l'Opéra devrait avoir fait des études sérieuses — au Cirque — avant de prétendre à l'honneur de tenir l'équilibre dans ce tonneau des Danaïdes.

Il ne peut rien pour l'art, rien pour les artistes; c'est un banquier donné par le gouvernement aux petits employés et aux marchands.

A-t-il seulement en main les moyens nécessaires d'exécution ? Est-il installé seulement pour faire envie à son collègue de Déjazet ? Point.

M. Garnier a épuisé tout son génie dans la façade. Appelé à élever un Opéra, il n'a travaillé que pour la plus grande illustration des *Guides Conty*. Au dehors, un goût discutable; au dedans, pas d'intelligence.

Hier encore, on ne connaissait à l'Opéra que l'ascenseur à treuil; péniblement, à mains d'hommes, on montait les portants — et il fallait vingt-quatre heures pour hisser à leur place les décors de l'*Africaine*.

Dans cet immense espace où se dressent des élégances de harem et des lourdeurs de caserne, M. Garnier n'a pas trouvé un coin pour y loger les décors du répertoire.

Les couloirs sont encombrés, on donne du pied dans des bouts de forêts, on troue des glaces d'un coup de talon; je sais un escalier dérobé, celui qui mène aux appartements destinés naguère à M. Perrin, où sur les marches, les soirs de *Faust* s'entassent — et se fanent les fleurs du jardin de Marguerite.

Rien n'est à sa place, rien n'est assuré — sinon les frais généraux, qui vont se doublant.

Et malheur à ceux qui osent toucher au sacré monument, il a un gardien jaloux et rogue.

Peu avant sa mort, M. Vaucorbeil avait présenté un mémoire, exécuté avec cette conscience qui était de ses plus précieuses qualités; il s'agissait d'ouvrir dans l'Opéra même un magasin pour les besoins ordinaires du spectacle : le directeur s'adresse au conservateur de la « Merveille » qui jette les hauts cris et parle aussitôt d'une lettre à Sarcey.

M. Garnier a raison de défendre son œuvre avec cette âpreté : c'est d'un sage, elle a besoin d'être défendue.

Mais quel destin pour le pauvre monsieur qui croit être maître de la situation dont il est responsable !

D'un côté, il souffre et pâtit des oublis et des imperfections accumulés dans ce bâtiment qu'on lui remet prétentieusement, en grandes pompes, comme un chef-d'œuvre; de l'autre, quand il veut remédier à ces fautes, il trouve devant lui, juge souverain, et partie, le père jubilant de la chose.

M. Garnier a eu cette fortune qui mérite au moins d'être relevée, de se faire choisir pour conservateur de son objet : aussi a-t-il vite crié à la profanation et au meurtre !

Mais peut-être une pareille mission ne plairait-elle pas à tout le monde : car, en vérité, en tout ceci, gardant son Opéra de toute atteinte et veillant à ce que nul ne soit tenté d'y porter la main, M. Charles Garnier est comme son propre invalide !

L'Opéra, aujourd'hui, n'est abordable qu'après des réformes nettes. D'abord certain personnel, les vieux qui osaient dire dans le cabinet de M. Vaucorbeil : « Vous savez, nous engageons un tel aux appointements de... », et les jeunes qui se piquent de jouer à la fronde. Puis, dans le système de subvention; puis enfin dans l'économie du monument.

A cette heure, rien là-dedans n'est pour aider ou faciliter l'œuvre de bonne volonté.

Cet Opéra morne et gris, même aux grands jours, même avec ses gardes immobiles, parle d'un désastre proche.

Ce bâtiment d'hier est plus triste que des ruines, et malgré soi, en passant, l'idée vous vient, très lamentable, qu'on pourrait bien quelque jour ouvrir là-dedans des salons de cent couverts.

L'Opéra tel qu'il apparaît impossible à exploiter et à manier, mangeant tout pour sa toilette de pierre, est non seulement la ruine de l'homme assez audacieux pour y placer son avoir et son activité, mais il est encore pour la musique de France comme une invite permanente à l'exportation...

Si l'on n'avise, nous aurons demain la Berline des musiciens.

# LES BARONS D'ISRAEL (1)

La rue des Juifs, à Francfort, est en pleine démolition.

Tous ces vieux bois, ces charpentes pourries, ces murs effrités, ces recoins sordides, tout ce qui a été le point d'origine de l'Hébreu souverain va disparaître.

C'est la dernière preuve qui s'efface, c'est le dernier témoin qui s'évanouit. Rien ne viendra plus dire les misères effroyables subies, la servitude, l'abaissement ; rien n'évoquera plus le passé qu'on renie.

Maintenant, c'est la place nette, c'est le grand jour, c'est le soleil.

(1) Cette chronique a soulevé quelques réclamations intéressées ; je la maintiens cependant. Les lecteurs de bonne foi ont compris qu'elle ne vise que l'abus.

La voix lugubre qui criait : « Marche ! Marche ! » ne s'entendra plus ; le Juif-Errant est mort, et de sa pauvre petite cendre, tout d'un coup, par miracle, est sorti tout un monde de barons d'Israël.

Persécutés, nous, peut dire tel baron, à cette heure ; partis de rien, mes aïeux ? qui osera risquer cette bêtise ! Nous n'avons jamais connu ces humiliations dont vous parlez ; jamais connu ces promiscuités de la rue abominable, ces âpres cupidités, ces angoisses viles de chercheur d'or — ou d'esclave traqué.

Et les barons d'Israël auront raison.

Ces maisons hideuses qui tombent, toute cette rue ignoble dont l'évocation les frappait, douloureusement, avec une éloquence vengeresse, au milieu de leur luxe, de leur prétention, de leur assurance magnifique, et qui s'en va maintenant, — c'est, pour tous les barons d'Israël que l'Allemagne nous a donnés, comme une délivrance, comme le nettoyage ardemment souhaité d'une tache.

La vieille Juive que Robert de Bonnières nous a montrée dans cette étude d'un modernisme si poignant, les *Monach*, frémirait en son âme robuste à la pensée de cette profanation, elle qui est l'image même de la vertu juive, de la croyance, de la haute et sereine fidélité au passé...

Mais pour les autres, pour les preux du Million, pour les superbes de l'almanach du Golgotha, c'est une inespérée joie d'orgueil, c'est l'apothéose qui va briller son plein, — sans une ombre.

Les barons d'Israël ont pris dans la vie où nous sommes une incroyable grandeur ; Chambord n'est plus ; d'Orléans économise, et le d'Hozier pâlit, — mais Israël est debout qui joue d'une colossale lyre d'or sur les rives de la Seine.

Les barons d'Israël sont aujourd'hui le Luxe qui donne aux petites gens ; ils sont la Charité, ils sont les Arts, ils sont le Tout-Paris, ils sont la Mode, ils sont la Puissance.

L'un tient en main le budget ; l'autre le dernier pschutt ; pour celui-ci le badaud a des tendresses émues, pour celui-là la République a des indulgences et des faveurs étranges.

Je sais un de ces petits barons qui dans Seine-et-Oise jouit d'un empire qui fait rêver : les fronts s'inclinent et l'autorité se tait, et les règlements sont transgressés et l'égalité cesse, quand il veut bien passer avec son cortège de valets, de piqueurs, de gardes et de chiens hurlants.

Tudieu ! Est-ce la chasse du roi Henri ? — Non pas. C'est la chasse d'un des barons d'Israël !

Lorsqu'elle se présente, — la route est barrée ; arrière les manants ! — Personne n'a droit de résister, le pauvre peuple attend avec les pauvres fiacres que le baron ait consenti à laisser la voie libre, pour continuer son chemin, ses affaires, son labeur obscur.

Et voilà ce que fait la République troisième pour la plus grande gloire des barons d'Israël, — qui règnent !

Les barons, on les cite comme la fleur, on les présente comme le plus délicat et le plus pur ornement de la société de France, — et ces Français de la chronique sont de simples Allemands, au rire Krupp.

Leur influence est encore un triomphe pour l'Allemagne et leur cour réjouit l'Allemand, — si leur noblesse vient du Pape !

Ces Parisiens fieffés baragouinent un parler étrange ; leurs hôtels somptueux et complaisamment vantés ne rappellent en rien la masure lamentable de la rue des Juifs, — mais dans leur politesse affectée, la gutturale sauvage se retrouve obstinément, et gronde.

Et c'est une merveille qui déroute l'esprit, que d'entendre ces soi-disant Parisiens, ces représentants par excellence de notre goût, de notre chic, de nos traditions, s'esclaffer ou se célébrer, dans une langue invraisemblable, avec l'accent même du Rhin.

Mais les barons d'Israël réussissent en dépit de tout cela ; rien ne saurait les atteindre dans l'immense majesté du Coffre à secret.

Ils ont pour cent mille francs de ventre sur le Grand-Livre, — ils sont dieux.

Je ne suis pas l'ennemi d'un doux hébraïsme ; les Juifs ont donné ce spectacle grandiose d'une race maudite, flétrie, reniée, se relevant par un effort ardent, s'imposant par une lutte héroïque contre le préjugé et la cruauté chrétienne, pleine de superbe.

J'applaudis à cette entreprise et à cette ambition mâle où on a vu le peuple juif conquérir dans le monde un rang, de l'honneur et de la liberté ; se faire rendre justice envers et contre tous, poursuivre une réhabilitation retentissante, faire rentrer dans le silence les lamentations intéressées du christianisme, — non, ceci n'est pas pour me déplaire.

Je ne partage aucune des étroites et mesquines querelles éclatées çà et là ; je suis pour cette revanche de l'Activité et de l'Intelligence, — mais un sourire me vient quand je vois Israël prendre le pompon, rouler écusson sur voiture et arborer la couronne.

Tous ces Montmorency d'Égypte ne me disent rien qui vaille, ni ces comtes du Désert, ni ces marquis de Moïse.

Israël a combattu, le voilà vainqueur, — et c'est aussitôt la décadence.

Israël conduisant la grande vie, Israël dans les *Femmes de sport* que vient de portraicturer curieusement le baron de Vaux ; Israël aristocrate et fleurdelysant, c'est un jeu qui dépasse mon humble entendement.

La grandeur d'Israël, c'était la lutte patiente ; c'était le laborieux dessein de se faire jour quand même, c'était la revendication très crâne et très pieuse du passé tout entier, — c'était la rue des Juifs.

Cette rue qui disait le chemin parcouru, cette rue où passait d'aventure le fantôme d'un autre âge, — suivi de l'âge nouveau.

Je ne vois pas le Juif à travers Shakespeare ou

Balzac ; je repousse Schylock, et j'estime que, parfois aussi le plus Gobseck n'est pas celui qui nie le doux Seigneur Jésus ; — mais je ne le vois pas davantage baron, nouvelle couche de noblesse, jailli de la cuisse de Borel d'Hauterive.

Le Juif d'aujourd'hui ne peut être apprécié et soutenu que s'il ne répudie pas le Juif d'hier.

Le pauvre hère, le persécuté, le diabolique qu'il était, — voilà précisément ce qui rend admissible et intéressant le cas où il est.

Peu cependant comprennent et acceptent cette interprétation, — et c'est le baron d'Israël qui tient la corde. A lui Paris, à lui les « Échos », à lui toute l'encre, à lui tout.

Il avait la Chaussée-d'Antin, — il prétend au noble faubourg, car il « porte » sur beaucoup d'or ; de la Bourse, qui est déjà une assez jolie partie gagnée dans l'histoire, M. le baron vise à faire mourir devant lui tout le monde de jalousie ; il se présente, lui qui n'a d'aïeux que dans le théâtre de Ponsard, d'Augier ou de Dumas, comme un descendant des croisades, à la recherche du « Roman d'un gentilhomme riche »...

Hé ! chers barons d'Israël, dites-vous donc tout simplement de la rue des Juifs !

La rue des Juifs, voilà vos titres, et j'allais écrire : voilà votre plus belle excuse !

# LA BERGERIE

Les bonnes personnes antivivisectionnistes ont protesté contre les études de M. Paul Bert; le maire de Meudon a adressé au ministre une longue épître pour le supplier de ne pas abandonner les tendres ombrages de son bois aux expériences infernales de M. Pasteur.

Ce qui n'empêche pas ces âmes pures, éprises de sentiment, de poésie lamartinienne et de charité, de courir à Longchamps, voire sous le vent et sous la pluie, s'associer sans dégoût et sans crise de compassion à cette formidable exploitation de la pauvre bête !

Ce cheval qu'on entraîne, qu'on essouffle, qu'on affole, autour duquel des clameurs monstrueuses de cupidité s'élèvent et menacent; ce malheureux être de jockey, cette misérable petite chose vivante, qui apparaît de loin comme un singe bariolé sur l'échine de l'animal éperdu : toute cette mise en scène luxueuse des souffrances de la bête et de l'humiliation de l'homme, ces raffinements de cruautés ne blessent, ne révoltent aucun de ces cœurs sensibles qui s'en vont pourtant afficher des pitiés immenses et d'inconsolables désespoirs, — pour peu qu'un savant pique au ventre une grenouille !

M le maire de Meudon écrit que les Parisiens vont déserter le gentil bois et que c'en est fini avec les beaux dimanches de flânerie.

... Cette pensée est vraiment trop horrible, qu'à deux pas de l'herbe qu'on beurre et des feuilles qui fleurent bon le pâté, un illustre travailleur est penché anxieusement sur l'étude de nos douleurs et ne répugne à aucune besogne pour nous apprendre à les éloigner.

Le maire de Meudon me semble ainsi une des premières victimes de cette Ligue antivivisectionniste, — ou mieux, Ligue pour la conservation de la rage.

Il est tombé de son long dans les billevesées de cette compagnie, il s'est laissé prendre à ses déclamations, à ses larmes de vieille demoiselle qui pleure son chat.

Et c'est précisément l'écueil que cette prudhommesque sensiblerie, que cet étalage d'humanité, que ce clinquant spiritualiste s'imposent à des gens éclairés et les égarent.

Si, au lieu de se répandre ridiculement et de faire des adeptes, ces petites conférences entre soi, ces lectures antivivisectionnistes en famille, ces soupirs poussés en rond étaient demeurés simplement une des joyeusetés du temps, — oh! combien il aurait fallu les encourager.

C'est qu'ils ne sont pas d'une gaieté banale, ces farouches amants de toute plume et de tout poil qui vont crier : Aime la bête comme ton prochain, — et qui, sinistrement, ne regardent pas à embêter leur serine avec un nid de la Ménagère, bordé de rose; leurs puces avec des chemises trop amidonnées, et leur levrette avec un paletot!

Tout en donnant cette pompeuse déclaration des Droits de la Bête, ils en usent comme le commun des vivisecteurs : sans défaillir, ils commandent le homard à l'américaine, et vont à Meudon précisément, Meudon qui ne veut pas de Pasteur, manger en matelotte l'anguille, que, par morceaux encore vivants, on jette à la poêle.

Et ils n'ont pas l'excuse haute du but, ils s'indignent dans le vide et ne font qu'un brin d'éloquence: magnifique et réjouissante ironie, la Société protectrice distribue ses récompenses dans le Cirque même!

Ce qui prête au sourire, c'est qu'en général ceux qui se montrent si ménagers de la peau des bêtes n'y regardent pas de si près quand il s'agit d'une simple peau d'homme : pour eux, le premier chien créé pèse plus qu'Adam, le père.

Il y a, dans le nombre des ligueurs, un poète chevelu qui a chanté délicieusement les chats adorés, — et auquel la Commune ne fait pas peur. Il y a aussi un maître qui a bien mérité de Follette, — mais qui n'économise pas le *mot* contondant.

Comment l'amour des bêtes vient aux hommes? par misanthropie ou par mode : et c'est la mode aujourd'hui de s'évanouir sur tout. Les antivivisecteurs sont la récente incarnation de cette mode qui nous envahit.

Etre doux, être bon, être charitable, c'est le dernier pschutt de la Morale.

Une religion émolliente tombe sur nous. Les sentiments sont à la farine de lin, les cœurs à l'orgeat.

En littérature, c'est l'*Abbé Constantin;* au théâtre c'est *Lise Fleuron :* la politique seule échappe à cet attendrissement universel, — trop; je n'en veux pour preuve que ces trois journées, parlementaires, où quelques-uns se sont étonnés qu'il y ait des Corses en Corse, comme il y a des Normands en Normandie!

A mesure qu'un travail terrible se fait sur nos moelles, qu'on se patraque et qu'on se consume davantage, on veut offrir à l'apparence un apaisement, une politesse délicate, une exquise fadeur de tempérament. On se vante d'entrer dans une bergerie des mœurs, des idées et des sensations.

Tout à l'agneau, tout au serpolet !

Voyez par-ci comme nous avons l'âme pure, voyez par-là comme nous avons le cœur tendre !

Nous autres au moins, dans l'âge de fer que prédisait hier, effroyablement, M. Lavedan, au *Figaro*, nous rêvons des petites bêtes innocentes, nous faisons du Florian quand d'autres font de la stratégie, nous sommes des anges.

Pascal disait : qui veut faire l'ange fait la bête.

Ne soyons pas à ce point délicieux, idÿllesques, azurés. Il ne s'agit pas de défendre la Bête, notre parasite éhonté : il s'agit de défendre l'homme vieilli, usé, sans ressources dans l'immense mangeaison de la nature, guetté par tous les microbes, par toutes les maladies.

C'est un névrosisme étrange, celui qui s'en va demander des refuges pour les chiens, — ces chiens qu'hier encore on a vu bichonnés, pomponnés dans leur niche et boulevardiers, quand à cette heure, librement, on peut exposer les enfants aux carrefours !

Ces berquinades d'ailleurs ne sont pas du naturel français.

En ce moment surtout, où toute la force doit vibrer ; où l'on doit aspirer vers la robustesse mâle, la santé vigoureuse et le nombre superbe, cette pitoyable tendresse pour le bétail, cette confiserie, cet amollissement athénien ne sont pas de mise.

Il s'agit bien, pardieu! de la vie d'un chien ou d'un cobaye! Ce qu'il faut dans ce temps de luttes, c'est avoir sous les yeux, toujours, la leçon du *struggle for life*, — et cette espérance, sortir vainqueur dans cet étranglement.

Quand je vois le maire de Meudon invoquer contre M. Pasteur, contre cette rude puissance de labeur et de génie, les arguments qu'il donne au nom des petits dimanches parisiens et de la terreur des petites boutiques, je fais, — pour une fois, comme M. Coquelin aîné : je demande qu'on me laisse rire !

Assez de bergeries, et de gentilles houlettes ornées de faveurs roses...

Moi aussi, positivement, je réclame un loup par là ·dedans.

Il ne faut pas protéger son chien, — mais soi-même : soi-même, contre les hommes, les bêtes et les choses.

# LE THÉATRE PAR A + B

En même temps qu'il donnait à Bruxelles cette causerie : « Comment se fait une pièce de théâtre, » M. Abraham Dreyfus nous apprenait de piquante façon « comment se fait une conférence ».

Il a eu l'idée de demander aux auteurs applaudis, la confession de leurs procédés, et, après une abondante rentrée de lettres, il s'est mis en route, n'ayant plus qu'à présenter au public ces recettes variées...

Spirituel baron Brisse du Théâtre-Français !

Ce Manuel de la cuisine dramatique, que l'ami Dreyfus a parlé avec tant de succès, n'offre, à vrai dire, aucune formule nette et claire ; Dreyfus serait bien embarrassé, d'ailleurs, car il n'en est pas. Mais il renferme quelques notes qui serviront peut-être à

définir la physionomie, le caractère, le « moi » de
ceux qui y ont collaboré.

Il y a dans les lettres collectionnées par Dreyfus,
plus d'une de ces dix lignes qui ont la fâcheuse réputation de suffire pour faire pendre un homme; telle
phrase résume l'écrivain même, — met en saillie
précisément son côté faible, remémoire et consacre
la critique d'hier.

Voici Dumas, par exemple, qui se joue le mauvais
tour de rappeler, afin que nul n'en ignore en Belgique, qu'il est le grand Fils prêcheur, le théoricien,
le dominicain des filles qui tombent.

Il est là tout entier, avec ses manies de controver-
siste, de théologue égaré sur les planches, quand il
s'écrie :

— Le public, comme tous les souverains, comme
les rois, les peuples et les femmes, n'aime pas qu'on
lui dise la vérité, toute la vérité... Il veut qu'on le
flatte, qu'on le plaigne, qu'on le console, qu'on l'en-
lève à ses préoccupations et à ses misères, presque
toutes nées de son ignorance; par un effet d'optique
très curieux, le spectateur se voit toujours dans le
personnage bon, tendre, généreux, héroïque; dans
le personnage vicieux, ridicule, il ne voit jamais que
son voisin.

Ce passage, qui est du pur extrait de thèse, représente dans une impitoyable perfection le Dumas des
pêches à quinze sous et du vibrion, le Dumas qui
met le boulet à ses plus belles inspirations, le Dumas

qui réussirait à prouver bien davantage, — s'il ne faisait pas profession de prouver autant !

Comme il faudrait se défier de cette « épistolerie » toujours prête à trahir qui s'y livre !

Voici Augier ; nul plus que moi n'admire ce talent vigoureux et sain, cette pensée droite et fière ; mais, malgré soi, un sourire vous vient qui entame l'admiration quand on lit :

— Imbibez votre cinquième acte de douces larmes et saupoudrez les quatre autres de traits d'esprit.

Hélas ! cette émotion cataloguée dans un carton vert, cet esprit dévidé à la pelote, est-ce donc là notre Augier ?

Une simple ordonnance pour faire pleurer ou rire, est-ce donc à cela que se réduit cette gloire !

Non, je veux croire qu'en indiquant cette formule de pharmacie, Augier a cherché seulement à ne pas désespérer ceux qui ont l'ambition de marcher à sa suite !

Sardou, lui, affirme devers Abraham Dreyfus l'existence de règles invariables, précises, éternelles ; règles que les impuissants, les ignorants, les sots ou les fous sont les seuls à méconnaître et dont ils sont les seuls à vouloir s'affranchir.

Et ce faisant, Sardou met tout juste les pieds dans son propre plat !

Il donne pour prétexte unique, pour table de la loi, cette science qu'il possède à l'excès ! Charpentier sans égal et trop parfait, architecte attaqué pour son habileté même, il recommande son mortier, sa truelle et sa maçonnerie, comme toute réponse à la critique !

Assurément, il y a là une crânerie séduisante, — mais il y a aussi une ironie du hasard.

On aurait cherché à définir le talent de Labiche qu'on n'aurait pas trouvé plus cruellement que Labiche en personne.

D'un mot il a indiqué et résumé son œuvre, et ce mot le voici, tel que son plus immortel détracteur ne l'aurait pas rêvé :

Pour faire une pièce gaie, il faut avoir un bon estomac !

J'avais toujours pensé à part moi que Labiche est un philosophe, un observateur, un moraliste de la vraie école : il limite son art aux bonnes digestions ? que sa volonté soit faite !

M. Legouvé affirme qu'une pièce de théâtre est un voyage en chemin de fer par le train rapide ; c'est à croire qu'il a tenu à nous rappeler qu'avec lui le théâtre voyage encore en patache.

Gondinet déclare qu'il faut supposer le public très naïf, — et cela vous amène à déduire que lui il l'est vraiment trop peu.

M. Camille Doucet a la note si triste et si désillusionnée que je me défends d'insister. Pour Dennery, il s'est découvert tout à nu, dans ce précepte qui sent son Vatel analysant le civet :

Prenez un point de départ intéressant, un sujet

ni trop neuf, ni trop vieux, ni trop banal, ni trop original, afin d'éviter de heurter ou les intelligences vulgaires ou bien les esprits délicats.

Cette déclaration est d'un admirable cynisme.

Oui, le voilà bien, l'enseignement ; le voilà tout le théâtre que vous recommande le cabot auquel on est condamné à soumettre son idée ! Ce qu'il y a d'effroyable dans cette esthétique de M. Dennery, c'est qu'elle est celle du jour, du directeur, de la fortune — et du public !

En cinq lignes, M. Dennery a expliqué le théâtre d'aujourd'hui — et motivé les colères qu'il suscite chez ceux qui le rêvent libre d'allure, grand et fort.

— Vous me demandez comment je fais mes pièces, écrit Zola. Je vous dirai plutôt comment je ne les fais pas.

Si Zola s'était dédit devant ce *non possumus* et retiré dans le roman, où il a l'audace franche et la marge ouverte, j'aurais ici l'occasion de lui témoigner tout mon respect et ma reconnaissance ; mais il a transigé, par malheur ; lui, le lutteur orgueilleux et convaincu, il s'est diminué en appelant à lui cette rouerie, ces coups de ciseaux, cette facture.

Banville a écrit à M. Dreyfus, une lettre que j'aurais aimé voir signée du nom de Zola. Pour composer une œuvre dramatique qui soit belle et durable, dit le poète, ayez du génie ! Il n'y a pas d'autre procédé.

En art, le talent n'est rien, le génie seul existe

Un poète de génie a en lui tous les poètes passés et futurs, de même que le premier homme venu a en lui toute l'humanité passée ou future. Un homme de génie créera pour *son* théâtre une forme qui n'ait pas existé avant lui et qui, après lui, ne pourra servir à personne.

Voilà qui est parlé, voilà qui sent bien la vie et palpite.

Certes, je n'entends nier ni l'expérience, ni le talent, ni la valeur du bon sens ; mais j'ai droit d'avancer que trop de savoir nuit à l'idée, l'égare, la châtre.

Et ici j'éprouve une surprise charmante en rencontrant M. Pailleron sur mon chemin. — M. Pailleron disant bien mieux que je ne saurais, et avec l'autorité que je me garde d'avoir, moi mortel, que le théâtre a quelque chose d'*inrecommençable* qui en fait un art, quelque chose de génial qui l'ennoblit ; que vouloir démontrer un chef-d'œuvre, dévisser l'idéal, déboulonner le mystère, comme le baby qui cherche la petite bête d'une montre, c'est faire, ainsi que lui, œuvre puérile et vaine...

Comment se *fait* une pièce de théâtre ? Voilà la plus vive et la plus douloureuse critique qu'on puisse faire du théâtre actuel.

Quand Dreyfus a réussi, je suppose qu'il aurait été bien embarrassé si on lui avait demandé : excellent cher, spirituel bon, eh ! diable, vite la recette, en deux mots.

Le théâtre s'apprend évidemment, mais avec l'instinct comme premier don. Je ne le vois pas traité par A + B, — ou plutôt je le vois trop.

Les heureux auteurs qui ont apporté au concours de la conférence d'Abraham Dreyfus leur prose lui ont rendu service arsurément Mais ils se sont assez mal servis eux-mêmes.

Par un singulier destin, ce qu'ils professent, se retourne contre eux ; leurs déclarations, celles même qui voulaient être adroites, reviennent les frapper.

Une chose ressort pour moi de l'ensemble de ces consultations où volontiers l'amour-propre tient cabinet : c'est que le théâtre n'est pas encore borné au succès étourdissant — et aveuglant de Georges Ohnet...

C'est que ces auteurs qui se défendent de toute formule — tout en insinuant à la sourdine « leur manière « — ne détiennent pas l'avenir; qu'il est glorieux, sinon profitable, de proclamer qu'en fait d'art l'ère des révolutions est toujours ouverte — et de s'y jeter.

# LE BOULEVARD

Dans une boutade d'été, M. Albert Delpit a pris le
boulevard en main et nous l'a secoué comme un
tapis.

Le boulevard est, selon lui, le grand détrousseur
d'intelligences et de talents, la mort de toute originalité, de toute force, de tout labeur.

Le boulevard est l'ennemi du travail et de l'inspiration ! s'écrie Delpit, — comme un ingrat qui ne
veut pas reconnaître la terre où sa vendange s'est
ensoleillée et a mûri.

Je pense, au contraire, que le boulevard est l'inspirateur puissant, qu'il donne le coup de fouet, l'ardeur, et cette qualité particulière d'ambition qui
vous jette sur une œuvre et vous fait entreprendre.

Les hommes de lettres et les artistes qui méritent

vraiment de leur titre ne paraissent sur le boulevard que la journée finie ; pour eux, il est le repos — la conquête de la besogne accomplie.

Le coin de Tortoni, à cinq heures, n'est pas un club d'oisifs qui regardent, bien encaqués, passer les jupes et tournoyer les semelles, qui suivent le fil de l'absinthe et le vol de la mouche à perpétuité.

Ceux qui viennent là, dans l'intimité des camaraderies vieilles, ont satisfait au labeur quotidien ; ils ont donné qui la chronique au journal, qui le vigoureux coup de pouce au tableau.

J'ajoute que c'est là seulement, dans la fièvre que représente le boulevard, dans l'émulation, le mouvement, le heurt des idées et des sensations qu'il résume, que c'est là où le travail prend son ampleur, sa vie, sa flamme, là où l'on saisit le ton juste, la couleur, la température du moment.

Certes, je sais le rêve de la plupart de ceux que mille nécessités et l'habitude clouent sur cette place tant jalousée par d'autres : Oh ! le grand air pur, oh ! pouvoir s'enfuir et s'étendre, la tête à l'ombre et les pieds au soleil !

S'enfoncer dans la poésie des champs pleins d'épis lourds qui hochent à la brise, se rapprocher du paysan libre qui est sain, robuste et joyeux ; n'avoir plus devant soi que la grand'route pour la flânerie, le sentier pour l'amour et la table de bois blanc pour le travail ; s'affranchir les poumons, le cœur et l'esprit ; se rapprocher de la vie simple, se ressaisir dans la fraîcheur et dans le calme ; voir de l'espace clair autour de soi, et paisiblement produire une œuvre dans la succsssion des joies modestes et douces de la campagne qui fleure — c'est le Désir, c'est le Rêve.

En réalité, la campagne vous fait impuissant et veule.

Les bluets sont trop bleus et les roses sont trop roses : Hugo, qui les a chantés, ne les a chantés bien qu'à Paris.

Le premier jour est plein de promesses : le second ne les tient pas.

On a réussi à s'enfuir loin de ce boulevard qu'on exècre et qu'on redoute, — loin de l'ennemi qui empoisonne et qui tue : et aussitôt, quand sonne l'heure de la besogne, quand il faut donner, on se sent diminué, il vous manque je ne sais quelle force, quel levier.

On voit tout en vert. Trop de douceur, trop de tendresse et d'idylle. Stupéfait, c'est en vain qu'on recherche en soi cette ironie qui est toute une sauvegarde, cet enthousiasme qui vous cuit, mais qui soutient : la campagne repose, — au point d'endormir.

Quelqu'un que je connais intimement, et c'est une piètre connaissance, je vous jure, a eu l'idée d'échapper à Paris, cet été : quand il doit se mettre à l'œuvre, il prend le train, gardant comme une consolation « son retour » dans sa poche, hume l'air du boulevard et s'installe n'importe où, entre Madeleine-Bastille, — hélas! du côté de Madeleine de préférence.

Sitôt qu'il a remis les pieds sur le boulevard, il se retrouve, respire et apprécie autrement ; hommes et choses paraissent sous une autre allure, les brouillards de la campagne se dissipent.

Delpit lui-même, d'ailleurs, après Baudelaire et ce pauvre Aubryet dont il a tant médit, a traité la campagne comme elle le mérite : c'est un personnage du *Père de Martial*, je crois bien, qui a exécuté ces champs qui ont l'irrévérence de servir de dépotoir comme la plaine Saint-Denis, ces oiseaux qui s'oublient sur les tubes à poils brillants, ces immenses courants de zéphires qui laissent des rhumatismes au fond des moelles.

Le boulevard, au demeurant, mon cher Delpit, a bien sa poésie.

Tout campagnard que je sois et voisin de Cladel, — je proclame que rien ne surpasse le parfum qui tombe des arbres du boulevard , sur le trottoir même où l'on crie les *Aventures de deux femmes du monde*, par M^me de Montifaud ; que rien ne vaut le paysage qui se déroule par delà les Variétés, quand on le regarde du bureau de l'omnibus de l'Odéon.

Oui, la poésie du boulevard est pénétrante, exquise, pittoresque et satisfait à la fois, chez ceux qui l'approfondissent, le besoin de rencontrer un joli coup d'œil et un joli coup de bec, une courbe

11.

parfaite de paysage et un ton unique d'esprit.

Et c'est pourquoi le boulevard demeure le maître.

Rien ne prévaut contre les poétiques surprises qu'il réserve à ceux qui savent découvrir, et rien n'égale son tempérament ; il a des verdures délicates, — il a des verdeurs sans rivales.

C'est une légende vieille et imméritée, celle qui le peuplent d'intrépides vide-bouteilles ; on y pioche dur, dans un décor rare — on ne pioche que là.

Loin d'être la mort du travail, le boulevard commande le travail, l'impose ; à cette heure, précisément, il est sans pitié pour tout ce qui croupit, bohémise et rode.

C'est la marque distinctive de ce dernier quart de siècle, que le viveur stupide, avec son auréole bleue de punch, et sa pose superbement correcte est livré au plus éloquent dédain.

On n'estime, on ne soutient, on n'applaudit que l'ouvrier dans l'action.

Le pschutt le plus raffiné préoccupe moins aujourd'hui le boulevard, épris, selon la tradition, de toutes les paresses retentissantes, de toutes les élégances raffinées, de toutes les nullités dorées, que la promesse d'un beau talent, que l'exemple d'un labeur continu, que l'attente d'une œuvre originale ou virile.

Il a l'œil sur l'écrivain, sur l'artiste qui s'est révélé, et non plus exclusivement sur les dilapideurs de la fortune de papa, péniblement acquise dans l'épicerie; il sait d'où part l'avenir, et il s'intéresse aux efforts qui le préparent.

Voilà le boulevard — celui que l'ami Delpit s'entête quand même à voir tout petit, faible, incapable d'une idée libre, forte, généreuse.

Si le boulevard parle de Sarah Bernhardt encore, c'est qu'elle a du talent ; s'il a férocement « blagué » M. Richebourg allant à Langres et pontifiant devant la statue de Diderot, c'est qu'il n'en a pas.

Il va à tout ce qui est une intelligence, servie par l'activité, il regarde défiler les *Inutiles* avec mépris.

Il est l'appui suprême — et la providence de tous ceux qui ont l'âpre désir de parvenir et qui peinent et qui luttent et qui savent qu'on n'abat pas les noix en bâillant.

# LE PHILOSOPHE ROHART

*La Gazette des Tribunaux* a dit l'histoire de
Rohart, cet ouvrier tourneur dont la femme a si mal
tourné !

Le pauvre diable a fait rire ; il mérite un peu
mieux cependant que les honneurs de « l'hilarité
générale ».

Il n'est pas d'une farine vulgaire l'homme capable
de tenir un raisonnement comme le sien, le mari
assez crâne pour dire à la femme qui lui appartient
en trop justes noces :

— Tu me trompes, j'ai le droit de me venger, —
mais, je t'aime ; tu dédaignes le bonheur que je peux
te donner ? Soit. V'a-t'en avec l'autre, va vivre avec
ton amant, — tu me reviendras, tu seras trop heureuse encore de me rendre justice, à moi qui ne

sais pas les belles phrases et l'enjôlement, à moi l'imbécile !

Je sais bien que Rohart n'a pas montré jusqu'à la fin cette héroïque patience ; mais il a essayé, il a souffert, et ce n'est que devant l'incurabilité du cas qu'il a frappé.

Au fond, cet ouvrier est peut-être un philosophe profond.

Ce qui me confirme d'ailleurs dans cette idée, c'est que la justice de son pays ne l'a pas épargné, qu'il a été incompris et poursuivi comme quelques-uns de ses aînés de haute marque.

Le jury, qui s'est montré d'une générosité criante envers toute vitrioleuse, l'a condamné, lui, sans y voir clair.

Le voilà sur la paille humide piteusement, — et pourtant on a canosisé le charpentier Joseph pour bien moins ; je réclame pour les tourneurs !

Rohart est un laborieux, un humble : il a épousé une paysanne, au village. Ce n'est donc pas ici un drame mondain ; nous sommes dans le peuple, — et je crois bien que seul un homme du peuple, de ce peuple où les sentiments sont tout droits et tout simples, où l'on ignore les subtilités des conventions sociales, pouvait produire une passion à la fois si vivace et si désintéressée, une philosophie si en dehors.

Dans les sphères brillantes, chez ceux qui ont à

sauvegarder le nom et l'honneur, on ne regarde pas de si près au scandale.

Pour une faute, voilà la femme déshabillée en public par l'avocat du mari, livrée comme Phryné aux jurés, qui ne savent pas encore débrouiller humainement les choses humaines.

Chez le mari aristocrate ou bourgeois, c'est l'amour-propre qui est blessé plus vite que l'amour.

Son honneur est piqué bien avant son cœur.

Il se sépare pour la galerie, il entend qu'on sache qu'il ne plaisante ni ne discute sur la tenue de son alcôve ; il a, en un mot, toutes les vanités creuses et les mesquineries de l'intransigeance.

Combien cet ouvrier est plus en chair et en os! Il aime et sait aimer ; pas de déclamation, pas de tirade : le plus profond mépris du qu'en dira-t-on.

Mieux que les poètes qui l'ont chantée, il compte avec la fragilité de la femme : il ne veut rien briser ; il s'est défendu longtemps de désespérer, — et, si la petite paysanne ne lui est pas revenue, c'est qu'elle est du bois dont on peut faire certaines marquises.

Avec la fièvre de séparation et de procès qui sévit, au moindre accroc, on déchire ce qui reste.

Cet ouvrier, lui, au moins n'a pas jeté ses illusions par-dessus bord tout de suite !

Quand la paysanne lui a confessé, au moment où il croyait cueillir, que la cueillée avait été faite déjà ; quand huit jours après, elle lui a avoué que ce capital, qu'elle avait placé avant le mariage, allait rapporter des intérêts, et quand il a touché ces intérêts sous les espèces d'un gros bébé dont il devait signer le reçu, — il n'a pas désespéré de l'avenir pour si peu !

Ce trop éloquent avertissement, il l'a tenu pour non avenu, et il n'a pas, en amoureux admirable, unique en ce temps où on n'aime plus, cherché minuit à quatorze heures !

Certes, je ne me risquerai pas à donner cette manière en exemple ; mais elle vaut d'être relevée au passage, sans arrière-pensée d'ironie.

Il y a de l'antique dans ce pauvre hère, trompé — et cramponné malgré tout à l'espérance, battu — et confiant toujours dans le baiser : il y a aussi du sublime dans ce cocuaige.

Au lieu d'aller crier son jaune pardessus les toits, Rohart était persuadé qu'il arriverait à le changer encore en rose, — à être le teinturier de son bonheur.

Et cette croyance ne dit-elle pas tout ce qu'il y a d'énergie en cet être ? Lorsque tous les maris sont veules, qu'ils ferment boutique pour une fugue, lui, il tient haut et ferme son enseigne.

Il n'a pas lu l'*Homme-Femme,* mais peut-être connaît-il la chanson de Nadaud : *Clara, ça passera.*

Cette chanson sans prétention est autrement vraie et dans la nature que « la leçon » de M. Dumas.

Si, dans ce cas personnel, Rohart n'a pas eu de chance, on peut affirmer qu'il s'est approché au moins de la vérité humaine et de la sagesse : c'est en adultère particulièrement que tout passe, casse et lasse. En déclarant à sa femme qu'elle serait trop heureuse un jour de le retrouver au logis et de retourner à lui, Rohart a donc énoncé tout un principe.

A quoi bon, je vous le demande, faire le fanfaron avec les femmes, se poser en justicier farouche, en sceptique irréconciliable et sombre, — puisqu'on leur revient toujours?

Le mieux est de tenir son indulgence prête à tous les sacrifices : on chasse l'infidèle, on la voue aux plus terribles expiations, — et après?

C'est à recommencer. Sait-on ce que vaudra la nouvelle, ce qu'elle peut vous réserver de surprises? Il faut admettre *a priori,* pour être véritablement à l'abri — et à la hauteur, que toutes les femmes se ressemblent; que cette délicate chose à laquelle nous sommes condamnés ne varie pas autant que voulait bien le prétendre le Roi qui s'amusait, — mais qu'elle est toujours la même : perfide comme l'onde.

Les jeunes qui entrent dans la vie oublient trop volontiers, avec leurs études classiques, l'aventure de la belle Hélène, qui en est un des plus beaux ornements...

Il faudrait les prévenir de bonne heure que la

belle Hélène est loin d'appartenir exclusivement à
Homère et au théâtre des variétés, et qu'au lieu de
faire la guerre en son honneur il vaut mieux appren-
l'art de la subir!

# LA PELUCHE PARISIENNE

Une lugubre nouvelle se répand ; mouillez-vous mes tristes yeux, — la peluche est morte.

Un indigne arrêt de la mode vient de la frapper en pleine grâce, dans l'éclat de ses belles couleurs veloutées.

Nous ne verrons plus cette étoffe d'un chaud si voluptueux, cette étoffe qui avait des grâces de femme et qui était comme de l'étoffe vivante.

Son temps est fini, et de méchants propos accompagnent cette fin.

Née à Lyon de parents bien français, la peluche est venue à Paris très jeune, et, je ne sais quel mauvais instinct la poussant, on l'a vue tout de suite voler au demi-monde ; — puis, cette société ne lui suffisant pas, après une pointe vers les salons à douairières, elle s'est mise à courir triomphalement le bazar, la grand'place et la rue.

Cette folle exhibition a détourné brusquement d'elle les sympathies et l'affection ; et un matin, ce cri s'est élevé dans le pschutt, qu'il fallait rejeter et exécuter la peluche aux mœurs douteuses, l'étoffe omnibus, l'étoffe devenue publique.

Cette sévérité soudaine, annoncée hier avec fracas dans les journaux bien pensants, me laisse mélancolique.

Elle peut être méritée, et pourtant m'en voilà tout chagrin : je pleure sur la peluche qui disparaît comme sur la fleur qu'on fauche, comme sur l'étoile qui tombe, comme sur la jeune fille qui meurt — parce qu'elle a de l'une la tendre poésie, de l'autre les doux reflets, de la dernière la gaieté de printemps.

Certes, la mode a abusé de cette admirable peluche qu'elle condamne aujourd'hui ; ce n'était plus que fouillis, on en avait mis partout, sur la robe et dans l'alcôve, et dans le nid et dans le salon, — pas un coin de libre, pas un panneau, pas une porte...

Certes, c'était l'immense envahissement, c'était un uniforme enveloppement de toutes choses ; la peluche a rapproché les classes et les rangs, peuvent dire quelques-uns, et, dans cette promiscuité qui donnait à l'honnête femme le même cadre qu'à l'autre, on voyait se perdre peu à peu — ô l'horreur ! — l'image de cet intérieur de famille, où cela sent bon, la félicité tranquille et simple.

Mais quel joli éclat la pauvre défunte jettait sur la vie! elle était pour l'œil toute une fête avec illuminations, elle faisait des intimités exquises, tièdes et joyeuses.

Reprocher à la peluche son succès enthousiaste, c'est d'une ingratitude trop humaine, et je m'insurge quand, après l'avoir lancée à outrance, la mode la renie dédaigneusement à cette heure.

Une révolution de chambre nous menace ; plus de tentures, plus de petites tables bleues, cerise, vieil or, à pompons ou à bouquets, plus de coussins crème où les chimères de soie semblent vouloir empoigner violemment l'étoffe tant moelleuse et duvetée.

Il faut dire adieu à l'appartement petite boîte de chez Boissier, où la Parisienne était comme une praline ; les murs vont redevenir nus, les dorures vont ressortir au soleil.

La mode suprême décrète que le dernier jour de la gentille bibeloterie est arrivé et que dans l'appartement la fantaisie doit mourir : à partir de demain, tout homme qui se respecte ne doit plus se meubler qu'en style Empire !

Voilà la mode dans son admirable stupidité : on prétend arborer du neuf, et l'on va choisir précisément ce que le passé a de plus rococo, de plus usé.

Cette glace à grosses colonnes, cette table ronde à dessus de marbre, tout cet acajou relevé d'un filet de cuivre, c'est le bric-à-brac du garni : cela traîne partout lamentablement, cela résume la banalité horrible.

A Milan et à Gênes, les hôtels ne connaissent que ce luxe-là, — souvenir piteux et ironique de notre gloire ; chez nous, pas une guinguette où l'on ne retrouve, [surmonté du pot à eau, que recouvre à demi la serviette toujours humide, « la console » de la Grande Armée.

De tous les mobiliers d'hier, celui-là a rencontré la plus triste fortune : il est tombé, — il a roulé dans la gargoterie.

Les meubles dans lesquels peut-être on a acclamé Iéna, qui d'aventure ont pu entendre Talma et voir M^{me} Tallien, ils font maintenant l'orgueil du *Cheval blanc* et du *Cygne noir*.

C'était bien la peine, d'ailleurs, de faire une croisade retentissante contre l'Acajou, pour y revenir déjà.

Avons-nous maltraité assez cette pauvre chose couleur d'orange malade? L'acajou est devenu le symbole de la prud'homie incurable, il dit l'embourgeoisement et la médiocrité, il représente le pot-au-feu mesquin, l'idée arriérée, le vieux jeu... et après cette exécution formidable nous lui faisons aujourd'hui les doux yeux ?

Il y a là toute une leçon de mœurs françaises.

Je ne réclame pas pour le meuble actuel, pour la peluche, pour le goût particulier du jour, un brevet exceptionnel de longue vie : mais je distingue peu clairement ce que le style Empire nous apporterait de renouveau, de luxe raffiné et de brillant...

Au surplus, serait-on si mal venu à demander un peu d'immortalité pour le chic inventé par ce dernier quart de siècle ? Il est des bibelots qui ont réussi à s'imposer et dont le prestige dure encore quand on le croyait né d'un caprice.

Le bibelot japonais, par exemple, que nous trimbalons avec ferveur, qui fait partie de nos cheminées, de nos étagères, de nos murailles, qui montre dans l'encombrement savant de nos salons ses fleurs radieuses et ses papillons fous, ses monstres prodigieux et ses petites Vénus bien peignées, — voici des années qu'il résiste.

Ne croyez pas qu'il se soit acclimaté chez nous, à la suite du japonisme de Philippe Burty ou d'Edmond de Goncourt. Balzac, en 1836, le trouvait installé déjà en belle place, quand il inventoriait le salon de la marquise d'Espard.

Eh bien ! pourquoi le genre que nous avons inventé, en ces années, n'aurait-il pas la chance de demeurer aussi, — de vivre, — un peu plus longtemps que les roses dont il est brodé ?

Ce qui caractérise le temps où nous sommes, — ce temps dit si grossier, — c'est que, par un art plein de délicatesse, il a su donner une façon de sentiment aux choses.

Revêtues, elles parlent ; elles ont l'air d'exister sous le manteau de parade qui recouvre la moindre.

Un intérieur d'aujourd'hui, c'est un regard très doux et très gai ; plus de sévérité prétentieuse — la grâce épanouie ; plus d'appartements corrects et froids, comme dessinés par Le Nôtre, — une intimité douillette et jolie.

A Trianon et à Versailles, ce n'est pas parce que vous vient l'image des rois morts qu'on y est mal à l'aise, c'est parce que tout cet ensemble est d'une finesse sèche et d'une beauté glaciale.

Chacun ne peut pas s'offrir l'insolente folie d'un cabinet de toilette tendu de bleu de ciel et d'argent, copié, depuis les treillis du plafond jusqu'aux meubles en satin et aux rideaux d'azur pâle, exactement sur le cabinet de l'impératrice d'Autriche, comme l'a fait la baronne de Hirsch en son château de Beauregard...

Mais aujourd'hui, et sans plagier personne, grâce à la diversité opulente des couleurs, chacun est libre de réaliser ce gîte exquis, d'où la vie devient supportable, où elle arrive amortie, où l'on peut tout faire, — à l'encontre du fabuliste — et même songer.

C'est la Peluche maudite qui nous a montré le secret de faire paraître les solitudes habitées et de nous faire dans l'habitation des solitudes ; c'est elle qui a rendu le luxe souriant ; c'est elle qui répand autour de nous du charme subtil, de la lumière et comme une tendresse.

Et voilà pourquoi j'ose la défendre, — même dans les excès de sa belle jeunesse !

# LA BOUCHÉE DE PAIN

En ce temps de déclamations et de blasphèmes à la manière de M. Richepin ; au milieu des entraînements factices et des cris de la Sociale, on est heureux de rencontrer une œuvre de socialisme largement humain et dévoué.

L'hiver dernier, pour la première fois, j'ai vu la Misère, la vraie, celle qui s'en va triste, sans espoir, mais sans révolte, et j'ai vu aussi la Fraternité, qui sait être efficace, simple, discrète dans le bien.

Piller les boulangeries avec une sainte loque noire de jupon pour drapeau, avec des farandoles autour du fameux chapeau bibi, c'est la suprême vertu des purs...

Nous autres, qui sommes l'ennemi et qu'attendent les Murs vengeurs, nous rêvons seulement, et nous avons réalisé ce rêve, de donner le pain à tous, d'où qu'ils viennent, de quelque coin qu'ils surgissent en l'immense Paris.

Certes, *La Bouchée de Pain* est sèche et dure, parfois : mais on est au moins sûr de la trouver prête et offerte comme si elle était due.

Je suis allé visiter le réfectoire du neuvième arrondissement, et c'est bien là que s'exerce cette bonté que le poète a déclarée sublime, quand elle distribue à la fois sans compter — et sans regarder.

Depuis neuf heures du matin jusqu'à quatre, les misérables accourent vers cette Providence.

On ne leur demande ni papiers, ni nom, ni motifs. Qu'ils entrent ! Ils n'ont même pas à tendre la main, leur part est désignée.

Comme s'il y avait entre eux tous, si dispersés, un véritable et cruel lien de souffrance, ils se sont indiqué le chemin — et les voici qui, par centaines, harassés et flageolants, se pressent devant l'étroit refuge.

Mais nul passant ne soupçonnerait que tant de faims trépignent en cet endroit...

A l'angle de la rue Milton, une haute palissade s'élève qui cache et sauve l'honneur de ces infortunes. Une belle pensée, éprise comme il convient de la dignité humaine, a présidé à ce soin de dérober aux curiosités de la rue, à la pitié toujours insultante quand même, de ceux dont une digestion riche fait resplendir la face, ces fronts penchés, ces dents longues, ces âmes frappées.

Et ce n'est pas là une des petites générosités de cette généreuse tentative.

Tandis que les uns, dans une sombre fièvre, guettent et surveillent la minute où on les appellera, les autres se sont assis dans la grande salle qu'emplit une bonne odeur de mie.

Des bancs contre les cloisons qu'un papier joyeux éclaire; au fond, une estrade et sur une table des miches entassées, pour eux tous, — des miches, enfin! qu'ils couvent d'un œil fixe.

Au milieu, une seconde table avec des verres, un baquet et un seau plein d'eau vinaigrée. Une pancarte commande de manger son pain sur place.

Des mères traînant leurs enfants tout blêmis et serrés contre la pauvre robe qui marque les jambes maigres; des vieux qui, l'impatience affreuse dans le ventre, souffrent visiblement d'être condamnés à y mordre avec tant de lenteur; des jeunes qui ont la tête pensive, qui ne savent où mettre leurs pattes de travailleurs et qui semblent vous dire avec ténacité, comme pour prévenir le reproche facile : « Pas de ma faute, pas d'ouvrage ! »

Et cette foule parle vraiment d'honnêteté, de bon vouloir, de courage, d'efforts perdus.

Il faut chasser ici le soupçon qui paralyse, le scepticisme qui est un prétexte si secourable à l'indifférence.

Pendant que j'étais assis là, dissimulé obstinément, avec le respect profond de ces malheurs, je n'ai pas relevé chez un seul l'empreinte mauvaise, cette lâcheté molle que l'oisiveté vous met sur le visage, cet air vague que donnent les flemmes prolongées.

Il y avait autour de moi des ouvriers bel et bien, en plus grand nombre, avec la blouse plâtreuse et le gros soulier devenu masse informe de cuir.

Quelques-uns, à la recherche inquiète du travail, espérant toujours trouver, dans la journée, l'aubaine d'une petite besogne à faire ou d'un coup de main à prêter, portaient leurs outils, la pelle, le pic, la truelle, la boîte.

Pas un cri, pas une plainte, pas une réclamation.

Chacun, son morceau au poing, se range tranquillement — et tous ne dévorent pas. Il en est qui gardent le souvenir d'avoir eu la soupe sur la table et d'avoir « coupé le pain eux-mêmes ! »

On en voit qui, d'un mouvement rapide, de dessous la blouse, du fond de la poche vide, tirent leur dernier bien, le couteau ébréché et taché : le couteau de l'ouvrier parisien qui lui est si cher, un compagnon utile en tout, — pour le déjeuner au milieu de la bâtisse, sur le bloc de pierre calé dans sa poussière blanche, et pour les promenades du dimanche, quand, en sifflant ou la fleur aux lèvres, on coupe sa canne le long du chemin.

Les qualités distinctives de l'ouvrier parisien se révèlent en mille autres détails.

A la table où l'on boit, c'est aussi l'ordre et une

tenue qui surprend. Chacun, en prenant son verre, le plonge dans le baquet et l'égoutte avant de se verser l'eau de la bonne Seine.

On attend patiemment, puis on se présente le verre d'un voisin à l'autre et lorsque, d'aventure, un de ces braves ivrognes d'eau, pas méchant mais trop desséché, neglige cette formalité de bonne compagnie, c'est une faute qu'on redresse à voix basse.

Mon ami Paul Strauss, qui n'est pas pour peu dans cette Œuvre, et moi, nous avons positivement entendu hier un pauvre diable, vêtu de misère et navrant, tenant, ensemble des jeunes de Callot et des vieux de Tassaert, lancer cette réflexion qui est du pur Gavarni :

— « Passez-moi le verre, s'il vout plaît, la politesse l'exige ! »

Voilà bien encore qui appartient à la physionomie de l'ouvrier parisien : au plus bas, il conserve une certaine allure et reste l'homme de ce grand Paris qui a su se civiliser jusque dans les classes les plus reculées.

Et quand ils ont reçu le pain, ils ne s'en vont pas comme des mendiants, les malheureux !

Ils ont conscience de la signification de ce secours. Non, ce n'est pas une aumône, mais c'est une aide, une protection, en attendant le jour meilleur qu'ils sauront utiliser.

Ils ne sortent pas de là la tête basse, humiliés et écrasés sous le poids d'une charité...

12.

Au seuil de la porte, sur le point de rentrer dans l'inconnu et dans l'anxieuse lutte pour la vie, ils s'arrêtent un instant et saluent, comme ils peuvent.

Je ne sais rien de plus oppressant et de plus élevant à la fois qu'une heure vécue là.

Impossible de demeurer froid devant une réalité de cette pesanteur, On ne meurt pas de faim à Paris : parbleu nous l'avons vite dit, nous qui ne rencontrons sur le boulevard que des pauvres qui déshonorent la pauvreté !

Mais voilà cependant l'effroyable démenti !

Ces hommes, s'ils ne savaient maintenant où obtenir la bouchée de pain, probes, laborieux, prêts au devoir, seraient déchaînés sur Paris, promis avec leurs haines à des crimes dont ils ont horreur, et, qui pis est, — excusables.

Les fourneaux qui s'allument pour le pauvre, l'hospitalité qui l'attend la nuit, la bouchée de pain qui lui refait une force pour combattre tout le jour, ce sont là les belles choses du terre à terre.

On a pu entreprendre de pareils efforts avec des dévouements isolés : mais dans ces œuvres de justice et d'humanité, le but grandit encore à mesure qu'on s'en approche davantage.

Il faut donc que tous se mettent debout pour l'atteindre.

Qu'on aille là-bas, rue de la Tour-d'Auvergne ; on verra que l'œuvre qui débute mérite la réflexion et l'appui de chacun. Elle est bien pensée, elle est bien partie, elle fait honneur à la perspicacité et au cœur de Paris.

Elle a aussi cet avantage rare et magnifique de réconcilier plus d'un des pauvres du peuple avec cette société qu'il maudit — et de ramener en même temps, avec attendrissement, la société vers ce peuple qu'on lui défigure !

# LA BAGATELLE DU PAUVRE

Les législateurs bavarois sont vraiment des gaillards ! On ne les voit pas hésiter et chercher comme les nôtres, — ils trouvent du coup.

Singulièrement expéditifs, s'entendant à enlever au pas gymnastique la solution des plus graves problèmes, ils viennent de faire miracle. En Bavière, la question sociale s'est posée aussi ; — diminuer autant que possible le nombre et l'intensité des misères courantes, tel est le but qu'on rêve là-bas comme ici.

Mais, chez nous, on n'avance guère ; tout est gagné, dirait-on, et tout marche, parce qu'on s'offre une bonne petite commission de quarante-quatre membres et quelques cartons verts...

Cette commission remplit sa tâche assurément avec conscience ; elle fait comparaître devant elle les travailleurs de tout ordre, depuis les fabricants de queues de bouton jusqu'aux coupeurs de poil de lapin ; elle entasse notes sur rapports, cahiers sur documents, — et cependant plus on s'efforce, plus c'est la même chose.

On s'y prend d'autre façon en Bavière. La question de l'extinction du paupérisme est posée : fort bien, — le Parlement de Munich ne se perd pas en fantaisies, et en à peu près.

Il confectionne bonnement une loi qui interdit le mariage aux pauvres, à ceux qui ne peuvent payer que d'amour et font des enfants sans avoir seulement un chou où les mettre.

Rien de plus limpide : si on empêche les pauvres de faire souche de pauvres, il est évident que dans un temps assez proche il n'y aura plus de pauvres.

Le raisonnement est d'une logique lumineuse et d'une simplicité pratique ; mais il est sans pitié.

Les pauvres diables, on le sait, n'ont que l'amour pour se consoler de l'eau claire ; leur famille s'agrandit désespérément ; la vie est dure pour les humbles et la tâche lourde, quand il s'agit d'élever le petit, de lui mettre un métier dans la main et un peu de savoir dans la tête !

N'importe, le pauvre diable accepte cette charge, — l'enfant, pour lui, c'est la propriété, c'est la joie, — c'est la nature.

Les bons Allemands de Munich, eux, ont décrété que l'amour ne doit être ouvert qu'aux riches.

La Bavière maintenant subordonne la morale de l'Ecriture à celle de M. Guizot : on ne tolère là-bas le *crescite et multiplicamini* que pour ceux qui se seront au préalable conformés aux fameux : enrichissez-vous !

Il ne peut y avoir mariage, dit le législateur bavarois, quand l'homme ou la femme ont reçu ou demandé dans les trois dernières années des secours publics ; interdiction aussi pour ceux qui, depuis trois ans, ont péché par défaut d'économie ou de travail. Cette dernière disposition se laisse admettre.

Eh ! oui, bons Bavarois, c'est une chose grave que le mariage, et il n'est pas mauvais de s'y préparer de longue main par une sérieuse période d'économie.

Il faut se ménager longtemps avant d'entrer en ménage. Ce n'est pas pour rien que ces deux mots ont une commune racine. De même, l'amour du travail : c'est parce qu'il fait souvent défaut qu'il y a tant d'unions malheureuses ; travailler, prendre de la peine, c'est le premier devoir de tout mari qui se respecte ; s'il prétend s'y soustraire, il n'est plus que le vulgaire feignant de la chanson.

Et il importe de le faire descendre de son cheval ?

En dehors de ces deux dispositions, la loi est cruelle aux petits — et aux grands.

Pour être malheureux on n'en est pas moins homme, on ne devient pas de bois du jour au lendemain — sous prétexte qu'on n'a rien sur la planche.

On a beau être Bavarois; il faut une volonté et obéissance surhumaines pour se résigner, parce qu'on n'a pas la chance d'avoir une famille dans les bank-notes, à ne plus voir mousser — que le bock national.

Cette inégalité devant l'heure du berger est criante: ainsi, seuls les Bavarois fortunés pourront sans craindre les représailles du code étreindre leurs fraîches et plantureuses Bavaroises.

Pour les déshérités, ils devront se contenter de la bavaroise au bromure avec addition de nénuphar!

C'est dire que, s'il avait tardé seulement quelque peu, l'ami Tissot n'aurait plus eu à écrire son *Allemagne amoureuse !*

Nous autres, nous pouvons contempler ce spectacle avec satisfaction : l'Allemagne, la Bavière particulièrement nous menaçait avec sa formidable poussée d'enfants.

Elle grossissait sans trêve ses bataillons et faisait à foison des petites têtes filasses pour les casques à pointe, — tandis qu'en France la bourgeoise pense volontiers comme M^me Josserand et que nos malthusiennes élégantes mettent entre elles et l'enfant toutes les herbes de la Saint-Jean!

Maintenant la partie s'égalise, les lois allemandes nous la baillent belle, en arrêtant par des ordonnances, — de vraies ordonnances de non-lieu, les prolifiques tendresses de leurs justiciables.

Article premier : Plus d'enfants en Bavière.

Article 2 : Tout le monde est chargé de l'exécution du présent décret.

C'est encore la bière annihilante qui va profiter de ces dispositions : pour être conséquents, les législateurs du Lowenbrau auraient dû la déclarer d'utilité — et de consolation publiques.

Ils euraient dû faire remplacer aussi dans les musées royaux la feuille de vigne par la feuille de houblon.

Ma foi, vive toujours et vive encore le petit vin de cette France où le pauvre, tout pauvre qu'il est, trouve encore moyen et a le droit de s'offrir la bagatelle, quand même, au clair de la lune !

# POT-BOUILLE D'ÉCURIE

Un écrivain de sport a donné nettement son avis sur le cas particulier du jockey H. Andrews dont on se rappelle l'aventure ; selon lui, il faut écarter toute méchante idée de préméditation et de guet-apens.

Mon juge ajoute même fort malicieusement que ce tapage est soulevé et entretenu par des chroniqueurs qui ne sont pas grands clercs en la matière.

La question depuis semble avoir changé de face.

Les écrivains spéciaux, les pronostiqueurs, les leaders de l'écurie sont entrés dans la discussion, et beaucoup n'ont pas donné tort à l'inquiétude, à l'indignation, à la pitié qui a saisi et mis en rumeur la presse et le public.

Le directeur des hippodromes suburbains, M. Robert Milton, s'en est allé trouver Andrews et a rapporté de cette visite une petite conversation qui est tout un brevet, toute une couverture.

Le jockey lui affirme qu'il n'a jamais douté de la loyauté, de la vertu, du désintéressement de ses pareils, et qu'il n'a le droit de soupçonner personne.

Le même jour cependant il déclarait à d'autres qu'il était victime d'une machination odieuse, et il précisait les détails de cet « étouffement » et il nommait les coupables.

Je crois bien que la lumière ne tombera pas sur cet incident : dans le cercle louche des joueurs de cheval, l'intérêt est aussi d'imposer silence aux victimes et de ne pas avouer les Montvoisin.

Mais, fût-elle sans résultat, l'enquête entamée met en cause ce monde des courses qui vague autour de Paris et qui n'est qu'un claque-pieds.

Cette histoire passe le dos fracassé du Jockey :

Elle s'en va frapper toutes ces masses hurlantes qui, autour de lui acharnées, pointent, grimacent, pipent, distribuent de la Bête et vendent de l'homme.

J'ai toujours eu le dégoût profond de cette promenade du Cheval Maigre aux environs.

Les grandes séances de Longchamps et d'Auteuil ont la tradition, un éclat qui les sauve et comme une coquetterie d'honnêteté; dans la banlieue, c'est le trafic obscur, c'est l'immense jeu de hasard, c'est l'exploitation savante du petit demi-louis bourgeois.

En vain le comité directeur s'efforce-t-il d'enlever un peu des duperies qu'on trouve là-bas sous le sabot d'un cheval ; il est impuissant à réprimer le bookmaker douteux, l'amateur de sacoches, le cotiste au pied léger, — et aussi le jockey qui complote de ne pas monter droit.

Par charretées pleines, la poche ouverte, le Parisien qui rêve de déjeuner sur l'herbe — avant que son pauvre argent dure un déjeuner de soleil, le Parisien se précipite, la lorgnette sur la hanche, le programme rayé de rouge sous le bras, tandis que les « favoris » lui font une tantaleuse risette...

Et alors, pris dans une clameur baroque, dans une cosmopolite furie ; incapable de voir clair et de raisonner en un si monstrueux sabbat d'affaires, heurtant à chaque pas le spectre du gain, — il est, dans toute la précieuse valeur du terme, le cher gogo, il est la dupe rare, l'exquise victuaille.

Tripotages de propriétaires, roueries d'entraîneurs, compromis de jockeys, fugues de bookmakers, il a tout cela contre sa naïveté, son ignorance, sa bonne foi.

Du fond de l'écurie, c'est une longue trituration ; sur la piste, un inavouable commerce...

Et quand le public se présente — même celui qui se pique d'avoir le « Renseignement », il trouve devant lui la partie arrangée, ingagnable, fermée, — cette jolie chose, « le coup » !

Contre toute vigilance, les truqueurs ordinaires, maîtres et valets, ont à son préjudice organisé la course — et la Bourse.

Et que les reporters ne viennent plus écrire : « rétablissez les tours ; » joueurs et bookmakers, à l'instar du prestidigitateur Hermann, les ont rétablis !

Tout cela sous prétexte d'améliorer la race.

On vous fait une bête grotesque, avec des côtes dessinées et creusées comme sur une tablette de chocolat ; on vous campe sur l'herbe un cheval qui ressemble à un squelette étiqueté de l'Académie de médecine, on lui impose la plus triste vie d'animal qu'il soit, — et c'est pour son bien, c'est pour l'honneur et le triomphe de l'espèce !

Il y a des hommes qui vivent pour cette besogne et d'elle : Crafty même lui a donné son inimitable talent.

Ah ! le beau cheval que nous montrait l'art des maîtres avant qu'il fût question de perfectionner la race !

Carle Vernet, Géricault, Horace Vernet, tout illustre passionnés de sport qu'ils aient été, nous ont laissé le type d'inoubliables performances, — selon la nature.

Le cheval que M. Meissonier a placé dans son *1814,* et pour lequel a posé cette bête qu'il montait si brillamment devant le Tout-Paris est d'une allure superbe et « à nulle autre seconde ».

C'est bien là la plus noble conquête : aujourd'hui, le cheval tel qu'on l'exhibe dans les hippodromes qui veulent être l'École, n'est plus, en dépit des plus pompeuses prétentions, qu'une bien pauvre machine, un de ces monstres à spéculation dont la police parlait récemment d'interdire le commerce.

Et de fait il serait temps d'appliquer enfin les études accomplies, d'arrêter cette industrie fantastique qui s'étale aux portes de Paris, s'allonge dans les faubourgs, ses offices, ses arrière-boutiques.

Il est des rues entières qu'envahit la Pot-Bouille de l'écurie.

Et voici que ce n'est pas seulement à l'inoffensif bourgeois ou parieur, qui va satisfaire son vice incorrigible, que cette Pot-Bouille s'attaque avidement.

L'aventure du jockey Andrews, soulevé de terre, dit-on, par deux rivaux et à moitié écrasé au moment où il allait toucher le but de la tête fumante de sa misérable bête, indique assez quelles féroces passions, quelles jalousies criminelles et quelles rages peuvent vivre et s'entretenir dans ce milieu.

C'est le cas ou jamais d'évoquer les écuries d'Augias.

Avec cet embarquement de dupes pour la banlieue, avec ce ténébreux talent de se pousser bon premier, avec ces innombrables combinaisons qui s'étalent sur les pelouses d'alentour, non, ce ne sont plus des courses françaises...

Celles que les romanciers ont décrites quand ils montrent l'immense poudroiement de ce grand prix qu'il faut à notre orgueil national, celles qui font rêver à cette Croix de Berny que chantait si adorablement M<sup>me</sup> de Girardin.

C'est un marché ambulant sans garanties — et qu'il importe de surveiller.

Un campement de bohémiens, immense, tout autour de la Ceinture serait plus rassurant, j'imagine, pour l'honnêteté et pour la bourse du public que le bataillon des bookmackers, ces viveurs étranges aux doigts chargés de bagues, qui s'en vont le soir, la poche loude, faire la joie des bars auprès de cette demoiselle que Manet campait devant la glace dans sa robe bleue.

Il faudrait que l'administration vînt appuyer l'effort difficile des organisateurs de ces courses où c'est le parieur qui s'en va rouler dans le fossé.

Une main forte pour débarrasser l'herbe de ces spéculateurs !

Ce sont là des mœurs qui nous sont expédiées de l'étranger. John Bull y a sa large part.

Ces associations bizarres du patron et du serviteur rappellent les meetings peu regardants de la City ; cette mêlée saignante des jockeys qui ne comptent pas avec la chair vivante, ni celle du cheval, ni celle de l'homme, c'est bien du Shylock.

Ah ! les vrais et tranquilles, et chers dimanches parisiens, ceux où l'on va voir tout simplement les chevaux de Marly !

# LE ROI VIERGE

Par ordre, le Grand-Théâtre de Munich a été, pendant quinze jours, interdit au public — à l'intendant des spectacles lui-même...

Le roi s'est fait donner pour lui seul des représentations de *Parsifal*, de l'*Armide*, de *Marie Tudor* et d'*Angelo*.

Louis II est un grand artiste qui a le bonheur d'être roi, et le talent de ne se servir de sa royauté que pour l'éblouissant accomplissement de ses rêves.

Dans cette Allemagne qui s'enfle affreusement, il abandonne à d'autres le caracolement des sabres et la fanfare aiguë des fifres ; il n'a pas accepté l'Empire nouveau avec une joie humble, il ne se préoccupe guère de la politique...

Et c'est pourquoi, aujourd'hui, je peux me permettre de dire en liberté, l'intérêt que j'éprouve pour cet homme si généreux envers ses remarquables passions, si fidèle à ses enthousiasmes.

Ce temps positif à outrance, d'œuvres vécues, d'êtres trop humanisants, s'obstine à ne démêler rien de la vie de Louis II ; il n'a pour elle que sarcasmes faciles, il traite de visionnaire cet esprit qui, au lieu d'éteindre sa fantaisie, la laisse courir ; d'archifolle cette âme qui, au lieu d'étouffer ses inquiétudes dans la matière brutale et lourde, les laisse libres et formidablement troublantes. Volontiers, quelques uns concèdent à Néron ce titre d'artiste qu'il ambitionnnait pour avoir jonglé avec une lyre d'or dans l'ivresse ; volontiers on accorde que brûler Rome pour se satisfaire l'œil aux embrasements d'un monstrueux incendie est d'une nature haute, douée, rare...

Le roi Louis, lui, se contente de voyager sur un lac artificiel, dans une gondole entraînée par des cygnes noirs, disant à voix basse les profondes mélodies de Wagner, isolé dans ces paysages qu'il réalise tout d'une pièce, fantastiques, merveilleux, tels qu'il les a entrevus dans ses songes, pénétrés de parfums mystérieux et peuplés de Walkyries au front paré de glaïeuls ; au deuxième étage de la *Résidence*, il installe un jardin où verdissent toutes les verdures, où fleurissent toutes les flores, et il est là, son œil bleu fixé sur on ne sait quelles splendides visions, tout en âme, pensif par delà son royaume, sa *Bavaria* biéreuse ; et dans ce paradis il ne se soucie pas des pommes ! les lianes qui s'entrelacent, les sèves qui fermentent, les roses qui embaument l'amour, n'ont pas même pour lui ce langage qu'elles ont pour Serge et Albine...

Et à ce roi qui est poète jusqu'aux moelles, artiste jusqu'à l'aveuglement, on accorde moins qu'à Néron, bête fauve !

L'Allemagne l'accable, et nous, en France, nous avons à son égard ce singulier sourire — qui est comme un envoi au docteur Blanche,

Notre belle entente de la chose pratique, notre progrès vers le terre-à-terre, s'accommodent mal de ces étranges élévations ; nous ne comprenons plus rien à cette psychologie complexe, nous nous posons en dédaigneux devant ce culte exceptionnel des Illusions.

Ce qui m'attire dans la personnalité de Louis II, c'est ce culte précisément. Grâce à lui, ce roi allemand échappe à l'uniforme prussien, à la chanson de Kœrner, au canon Krupp ; il échappe même à Gretchen.

La tête traversée d'harmonie, le cœur épris d'idéal, il semble bien être le dernier qui personnifie encore tout un vieux monde de légendes.

Dans la modernité avide d'exactitude, crânement, il s'envole ; — mettons, si l'on veut, qu'il patauge, dans le bleu...

Ce monarque de trente-sept ans, tel qu'on le voit

13.

aux murs de l'Hôtel des Quatre-Saisons, à Munich,
la ville bâtarde d'Athènes, de belle stature, avec des
moustaches brunes et des yeux qui font songer à la
« douce étoile » du *Tannhauser*, est une personnalité à sortir du courant ; maître en nom des Bavarois
maraudeurs qui ont pris nos pendules, il offre ce
contraste, que, dans son royaume exécré, il ne sait
même pas si le temps marche.

C'est un sujet d'étonnement, et je m'en empare à
ce titre, que ce prince entêté seulement de l'art, —
voire de ses faiblesses, — dans un empire qui est tout
à la force du casque ; il s'approche bien, dans la
fièvre du beau, de cet Ulric hoffmannesque qui est
représenté dans le *Crépuscule des dieux*, le mâle et
superbe livre de M. Elémir Bourges ; il a pour l'Art,
le Rêve, l'Enivrement des choses, une inconcevable
prédisposition de femme — et pourtant pas de
femmes !

Jamais il n'a voulu toucher « cette main si jolie ».
Un soir, tandis qu'une chanteuse de l'Opéra, sur une
barque voisine de la sienne, lui soupirait une de ces
grandioses mélancolies de Wagner, elle tomba dans
le lac où ils erraient ; le roi a attendu l'arrivée d'un
chambellan pour sauver la diva.

Il se défend même de toute connaissance des
secrets de femme ; dans les théâtres d'Allemagne,
disent les *Mémoires*, quatre jours par mois les
actrices se reposent. Cette clause est dans tous les

engagements, et cela est précieux pour la santé et la voix des chanteuses.

La veille d'une reprise de *Tristan et Iseult*, le chef d'orchestre s'attendait à ce que l'actrice fût « malade ».

Il essaya de faire entendre le motif du retard possible de la représentation...

Le roi ne comprit pas, ignorant l'enfant malade et douze fois impure !

Il y a de la hauteur dans cette ignorance, et je ne vois pas bien clairement quelles railleries elle encoure.

L'amour est censé porter l'homme à son épanouissement et mettre au point ses facultés : il ne me déplaît pas de rencontrer un homme à travers tous, de tous pays, qui s'affranchisse de cette obligation et tienne pour très secondaire cette féminerie qui mène le monde.

Tant que nous sommes, n'importe où, nous invoquons comme moyen, espoir et fin dernière, ce jupon tapageur ; la justice elle-même cherche la femme — qui se sent devenir déesse.

C'est le ressort — et c'est l'excuse universelle, ce frêle objet. Autour de lui on pirouette, et pivote, et périclite magnifiquement.

C'est la mode d'aller publier que sans la Fornarina, Raphaël n'aurait été que Trouillebert ; que sans Laure, Pétrarque eût gardé les pourceaux ; qu'il n'y a pas de passionné pour l'art sans passion de femme derrière ; que la poesie ne va pas sans objet palpable à célébrer, la musique sans chair et os à chanter.

Eh bien ! voici un homme qui admire, qui éprouve, qui s'enthousiasme — dans le plus stupéfiant désintéressement !...

Je ne lui sais que deux imperfections, dans cette originalité : c'est qu'il est roi et qu'il n'est pas Français. Mais il est roi d'une façon si curieuse et Allemand d'une étoffe si mince — celui qui réunissait récemment, tous les professeurs de ses universités pour leur demander s'il était possible de traduire Molière en vers.

Devrait-on traiter d'aberration, d'aimable fumisterie les tendances de ce tempérament si jalousement personnel ?

Eloigner toute une masse épaisse et lui barrer le chemin pour s'enfermer seul vis-à-vis de l'Art, réclamer la jouissance égoïste d'un chef-d'œuvre, n'est-ce pas le rêve de nous tous ?

Qui n'a pas ambitionné cette fortune de se ménager dans le silence, sans voisinage, la possession entière, parfaite, radieuse, d'une statue ou d'un tableau du Louvre, d'une tragédie du Théâtre-Français, d'un drame lyrique de l'Opéra.

En ces moments-là, où vous saisit un désir fou d'admirer, de pénétrer, d'obtenir ce qui est le Beau, on en arrive véritablement à soupirer, comme un simple pêcheur d'opéra comique : *si j'étais roi !...*

Si j'étais roi ? Parbleu, je ferais comme le roi Vierge, — je me ferais donner *Parsifal* pour moi seul et pour moi seul j'aurais des paysages !

# LE MANNEQUIN

J'aimais l'été pour toutes les couleurs gaies qu'il met au dehors, pour les chatoiements qu'il répand, pour les modes qu'il inspire, pour l'occasion qu'il donne aux Parisiennes de faire avec rien une jolie petite chose, de chercher — et de trouver des chiffons exquis.

Je l'aimais parce qu'hier encore, en chassant les Parisiennes vers les plages et les vallées, il leur soufflait des inspirations délicieuses...

En bouclant leurs malles, elles avaient rêvé et réalisé des toilettes où se révélaient, de chacune, l'effort, l'idée personnelle, l'originalité, le talent d'être femme.

L'été, cette fois, s'est de beaucoup amoindri ; tout vermeil et bleu qu'il s'est généreusement montré, il a perdu de cet éclat, de cette poésie dont le revêtaient les étoffes dénichées à grand'peine, les jupes et les corsages taillés en pleine fantaisie, sur un modèle unique — pour une seule, les élégances jalouses de ne ressembler à nulle autre.

Ce qui a tué les froufrous de l'été, sa pimpante allure et sa grâce, et ce qui menace tout entier l'art de la mode, c'est le Mannequin.

Le Mannequin, cette hideuse machine à forme humaine, qui se dresse le long des salles du Louvre, du Bon Marché, du Printemps, aux devantures au coin des rues, sur les trottoirs, avec sa carcasse grise bouffie de son, avec un numéro gribouillé à l'encre, à la place du cœur.

Le Mannequin sur lequel on jette brutalement la robe toute faite, le manteau, le chapeau même; le mannequin qui proclame les lots magnifiques et les fabuleuses diminutions de prix, — et qui ruine la délicatesse, le « cachet », le goût.

Il est le bourreau de la mode et du luxe; il vulgarise ce qui devrait rester toujours avec un brin de privilège, le secret de savoir s'habiller, de se faire belle et de paraître.

Avec lui, la tentation est trop forte. La Parisienne ne s'attarde plus à imaginer, à composer, à faire sortir de ses doigts, de ces riens qui, pour avoir été seulement effleurés par elle, prenaient une adorable façon.

Elle ne s'occupe plus d'elle-même, elle ne cherche

plus, elle perd cette initiative qui était toute une ressource, son individualité et sa distinction.

Aujourd'hui, elle court au Mannequin, elle trouve sur lui de quoi faire bonne figure et à bon compte.

Il lui ôte la fatigue — et le mérite d'inventer; il favorise sa paresse, ses caprices, son ambition.

Je sais une Parisienne qui a laissé peu à peu s'éteindre en elle et l'ingéniosité, et la coquetterie, et le charme.

Elle ne s'embarrasse plus de ces mille détails qui étaient autrefois un souci charmant; elle ne s'intéresse plus à ces soins qui faisaient toute la délicate supériorité de nos grand'mères.

Pourquoi, dit-elle, me préoccuper et me creuser l'esprit? Je sais où trouver ce qu'il me faut sans tant de manières, — je suis le mannequin 45.

Comme on avait l'heure de la couturière, elle a l'heure du Mannequin.

Elle ramène à lui ses rêves, son esprit, son cœur; elle le mêle à sa vie entière...

Il y a dans telle maison un mannequin à faux ventre sur lequel les visiteuses dans l'état intéressant peuvent étudier la toilette la plus habile à dissimuler.

Ainsi le Mannequin prend possession de la Parisienne, l'écrase, l'annihile; grâce à lui, elle devient la femme quelconque qui passe.

Et quel ragoût pour l'amour!

Vous avez au bras celle qui vous paraît supérieure

ou bien autre tout au moins que le commun, celle à qui vous reconnaissez des perfections et des charmes « sans pareils », et voici que soudain, au détour de la grève ou du sentier, vous rencontrez une autre femme, — qui lui ressemble « comme une sœur ».

Elles sont en effet filles du même Mannequin.

Dessin, couleur, coupe identiques ! C'est dans l'outrageante banalité de la confection que s'en va rouler l'Idole.

Elle a sur le dos un luxe que chacun peut estimer ; cette élégance que vous croyiez unique et d'un tour que vous disiez n'appartenir qu'à « Elle », est tiré à cent mille exemplaires, cataloguée, expédiée jusqu'au fond de l'étranger, franco !

J'ai vu, à Avricourt, au haut d'une bâtisse azur tournée du côté du Rhin, l'annonce du mannequin Jaluzot.

A Vienne, j'ai retrouvé les robes bleu marine, soutachées de blanc.

Les « jupes andalouses » s'en iront jusqu'en Russie, la « fraise écrasée » ne sera pas épargnée au Congo !

C'est l'embrigadement du chic ; c'est l'enrégimentement dans la Mode.

Il y a trois ans encore, le chiffon avait une personnalité, — il faisait même de la politique !

Dans le faubourg, on vendait le chapeau La Rochejacquelein, au panache blanc ; une modiste bonapartiste lançait la capote reine Hortense, ornée de violettes, avec une abeille sur le bouquet ; pour les purés orléanistes, on inventait le batelier Louis-Philipe, surmonté d'un coq ; il y avait jusqu'au chapeau intransigeant, très démonstratif : un melon entouré d'une gaze écarlate, et le Louise Michel, — bibi noir aux plumes rouges.

Aujourd'hui, c'est le « chaudron » universel, le chaudron d'ordonnance.

Le chapeau est international, quelconque — et le harnachement est comme le chapeau.

La confection partout, toujours elle ! Sous le régime du Mannequin, la Parisienne ne collectionne plus dans l'armoire ; elle renonce à cette jouissance, à cet orgueil de conserver en un coin la loque précieuse, — débris d'une toilette riche ou d'un souvenir cher.

La saison finie, elle jette loin d'elle cette enveloppe au rabais ; elle lui est indifférente, étant banale.

Elle l'use, et la fripe et la dépouille, sans avoir jamais éprouvé pour elle un de ces sentiments intimes et doux à qui l'on doit *Mon vieil habit* et les *Adieux à ma robe de chambre !*

Un mannequin chasse l'autre. Entre hier et aujourd'hui, il n'y a que l'épaisseur d'un mannequin. Le Mannequin est maître de la situation.

Avec lui c'est encore la vulgarité qui nous envahit, c'est l'ordinaire qui monte, il dessèche les sentiments et rapelisse les sensations.

Roméo, habillé à la Belle-Jardinière, et Juliette

attifée par ces demoiselles du Louvre, la duchesse
de Maufrigneuse achetant « le coquet » et M^me de
Nucingen essayant des gants mousquetaires, — côté
de la rue Rivoli. Voilà l'idéal qui se présente à cette
heure ?

Maintenant il n'y a plus d'inconvénient à perdre la
femme qu'on suit dans la rue — on en retrouve une
toute pareille au prochain carrefour.

Maintenant le moyen dont se sert Augier dans les
*Lionnes pauvres* pour faire découvrir la coupable
n'est plus de mise : la maîtresse et la femme légitime
ont le même chapeau.

Maintenant il n'y a plus de mérite à ne pas se rui-
ner pour les femmes, — la quarante-troisième caisse
du *Bonheur des Dames* n'est pas pour poser pschut-
tement les bons petits « hébétés ».

A ce temps où sévit le Mannequin économique,
égalitaire, banalisant, je préfère toujours celui où,
comme dans le *Duc Job*, la Parisienne biffait Bap-
tiste, biffait le cheval, pour ne pas biffer la couturière...

Celle qui sait être de moitié dans la grâce et le
succès, celle qui laisse intacte l'originalité, sinon la
bourse, celle qui ne fait pas des femmes selon la
formule et le prospectus, — mais qui laisse à chacune son être et sa lumière propre, sa poésie et
son art.

# MARIE PÉRAL

Rue Cadet, le père Lhomme tient un honnête restaurant. C'est là que Vallès, revenant d'exil, a rompu le premier pain de France, il y a quatre ans, la veille de ce 14 juillet, qu'il appelait: « la fête de la passementerie ».

C'est là que, les soirs de service, on peut voir Sarcey penché sur la soupe aux choux fumante, et qui trouble ses lunettes ; c'est là que la Franc-Maçonnerie s'indigestionne ; c'est de là aussi qu'est parti le drame d'amour qu'on jugeait, au printemps dernier, en cour d'assises.

Quand j'écris « jugeait » je me trompe : la cour n'a pas jugé ce drame — elle l'a applaudi...

Elle s'est gardée même de toute réserve ; elle a éclaté d'enthousiasme, — elle a compris la critique comme fait mon brave et cher Lapommeraye.

L'histoire est d'une banalité navrante : un cuisinier séduit une petite bonne, l'ange monte dans sa chambre et dépose ses ailes dans un coin, sans longues façons.

Après quelques semaines, l'amant déclare qu'à la veille de se marier, il doit liquider. Marie Péral, déshonorée, abandonnée, ne se perd pas alors en vains désespoirs : les exemples illustres la hantent, l'étoile de la veuve Gras et de Marie Bière lui montre le chemin, — et elle s'y jette.

Deux coups de revolver frappent l'infidèle en pleine poitrine. Longtemps, il est en danger de mort, et à cette heure même, je ne sais s'il ne promène pas sa balle de fourneau en fourneau — comme un colporteur, de route en route.

Marie Péral a comparu, pour répondre de cette tentative d'assassinat, — et on ne lui a pas posé grandes questions.

Maintenant, elle est libre, disant à sa manière l'ode à la petite balle, glorieuse dans cette vengeance lâche ; pas vierge, — mais pas martyre non plus.

Même, elle se présente à la foule des vitrioleuses et des meurtrières, avec une auréole qui lui est toute personnelle ; elle a inauguré, la servante ! elle vient d'être l'héroïne d'un coup de fortune rare.

D'autres n'ont eu pour elles que le jury, ce chiffre social élevé à la douzième impuissance.

D'autres n'ont dû leur salut qu'aux nerfs, aux sentimentalités d'arrière-boutique, à la candeur psychologique de l'épicerie, à l'éloquence roublarde du plaideur. Marie Péral, elle, a innové dans la série : elle s'est trouvée soutenue par la magistrature elle-même, par l'avocat général devant qui tout tremble !

Hier, au Palais, cette chose s'est produite : au moment du réquisitoire, on a vu M. Quesnay de Beaurepaire se lever et annoncer qu'il abandonnait l'accusation !

C'est-à-dire qu'en son âme et conscience, ouvertement, il déclarait que cette fille avait fait bien de viser à mort, que c'était son devoir et son droit, cette ambition d'assassiner !

Voilà ! Ce magistrat que j'estime en arrive à prendre pour lettres vraies ces déclamations qui bourdonnent autour de nous, cette phraséologie que vont répandre les gazettes où les femmes revendiquent, cette pompeuse tartuferie de la femelle qui, loin de se repentir, comme on faisait pauvrement autrefois, s'insurge au lieu d'implorer, et, pour l'amour qu'elle n'a jamais compris ou donné, tue au nom de l'amour !

Allons donc ! C'est une aberration de ce temps, tellement ivre de soi-disant justice, qu'il n'a plus de la justice notion claire.

On pouvait admettre, à la rigueur, cette panurgerie des jurés ; on pouvait se taire devant cette collective et contagieuse bêtise ; mais qu'un magistrat, un esprit d'élite, pénétré de raison, dont l'appréciation commande et fait loi, prenne en main, codifie, établisse et couvre souverainement cette erreur, non pas !

Je ne veux pas défendre ici l'amant de Marie Péral, il est d'assez piètre envergure : mais ce qui blesse le bon sens simple et aussi l'idée de justice et de protection, c'est qu'une cour entière s'incline devant cette vengeance de popote, — et particulièrement qu'un avocat général mérite cette chose capable au moins de surprendre : les félicitations de la Défense !

Quand M⁰ Crochard a rendu, hier, hommage à l'impartialité de M. Quesnay de Beaurepaire, j'ai pensé à part moi que cet hommage, venant de tout autre moins vivement intéressé, eût été de meilleur aloi.

Où sommes-nous ? où allons-nous ? Il est des condamnations qui vont frapper l'apologie de faits qualifiés crimes par la loi : ici, n'est-ce pas l'apologie solennelle de faits qualifiés crimes par la conscience ?

Le bon public qui fréquente le Palais a quelque droit d'estimer que les indulgences qui sont au coin du quai devraient se tourner de préférence vers les honnêtes femmes qui en sont absolument dignes.

Pour celles-là, nulle grâce, pas de liberté, pas de vengeance. Elles sont condamnées à souffrir, à se contenir, abandonnées et mille fois trahies : un mari, — imposé, parfois, — les délaisse avec l'enfant qui gémit ? Peuh, ce n'est rien !...

Mais qu'il s'agisse d'un amant, pris volontiers, pour le plaisir, pour les beaux dimanches, toute la question change : cet amant, en dehors de la loi et de la morale, avec la fleurette à la boutonnière, elles ne doivent supporter rien de lui, elles ont le droit de le punir, de lui faire payer cher les malheurs qu'elles en éprouvent. Qui acceptera cette confusion ?

Celles qui se vengent de la sorte sont rarement celles qui regrettent la faute et la tache qu'elle peut mettre au front. Au lieu de s'ensevelir dans le silence, elles paradent ; elles se font un retentissant dossier, alors qu'elles n'avaient qu'un passé douloureux.

Après cela, qui croira aux larmes de leurs yeux, aux soupirs de leur cœur? Ce n'est là qu'une malsaine fièvre, une révolte de tous les intérêts.

Lorsqu'on voit des hommes éminents consacrer ces manœuvres redoutables, il semble vraiment qu'on est près de mettre au grenier « la Justice poursuivant le Crime »...

Aujourd'hui, elle se donne des airs d'aller au-devant de lui.

A ce jeu, le Génie de la Justice actuelle risque de passer à l'avenir comme celui de la Bastille, — sur une jambe !

# SUR LES PLANCHES

M. Arthur Pougin a publié un volume d'un luxe incomparable, — le *Dictionnaire historique et pittoresque du Théâtre et « des Arts qui s'y rattachent »*.

J'aurais préféré que l'auteur mît carrément en sous titre : « *et des arts qui l'absorbent* ».

En parcourant ce livre d'une érudition attrayante, on demeure convaincu, davantage encore, de cette vérité détestable : que le théâtre ne vaut plus que par le jeu immense des trucs, par la minutie des accessoires, par le génie des employés.

Retraçant le passé, M. Arthur Pougin nous montre la scène occupée par le poète seul, l'attention par l'œuvre, le succès par l'inspiration : et c'est une étrange défaveur sur ce temps, celle qui tombe de cette comparaison.

Alors, peu importait le cadre, et peu l'édifice ; alors Néron devant les chandelles allumées ôtait son chapeau empanaché quand il parlait à Agrippine.

Alors Lusignan portait un bel habit à la française ; alors pour figurer un Grec on prenait simplement un casque, et pour se changer en Romain, un plumet.

Certes, ce n'est pas la simplicité enviable ; certes, le théâtre grandit et l'auteur avec lui, lorsqu'une harmonie parfaite, l'exactitude, le luxe, lorsque tout ce qui travaille et concourt à rendre palpable l'illusion de la vie vient envelopper le spectacle.

Certes, il convient d'appeler autour du poète le renfort de tous les arts, de donner à sa pensée, à son rêve, ce rehaussement et de n'épargner rien de ce qui peut établir un ensemble imposant, où pas un détail ne pèche.

Mais à cette heure, ces arts auxiliaires ont pris le premier rang. Loin d'être comme une collaboration intelligente, nécessaire et modeste cependant, ils ont envahi le théâtre bruyamment et s'y sont fait une exposition gigantesque.

Le théâtre d'aujourd'hui est pour leur plus grand triomphe.

Des œuvres ? des artistes ? Non pas. Le décorateur, le costumier, l'architecte, l'électricien.

On risque cent mille francs sur un coup de brosse de M. Lavastre et sur un coup de ciseaux de M$^{me}$ Rodrigues, — mais on ne jouerait pas un pauvre sou sur M. Molière ou sur M. Racine, qui étaient de bien misérables « cloutistes », comme on sait.

L'art du décorateur, qui a pris ses premières libertés dans le romantisme, avec Hugo et Dumas, en est maintenant à dominer ; cadre et complément hier, le voici qui est le principal — et même l'intérêt. Fait pour soutenir, il écrase.

Il faut avoir vu à l'œuvre le peintre de décors dans son atelier, d'où il tient en main les destinées littéraires de ce temps, pour concevoir la haute valeur du théâtre actuel.

Je suis allé visiter naguère l'atelier de M. Robecchi ; c'est à la Villette, au fond du passage Lauzin, c'est dans un passage abandonné et pierreux, dans la mélancolie des baraques volantes, des masures désespérées, dans le va-et-vient des femmes en loques, maigres et le teint crayeux.

C'est là que le peintre fait épanouir toutes ses roses en pâmoison, ses floraisons exotiques, ses palmiers géants, ses verdures chaudes ; c'est là, tandis que devant sa porte on vend des frites dans les cornets graisseux, qu'il a la vision aveuglante de ses palais grandioses et de ses bords de mer inondés de clarté.

Ces projets, ces toiles interminables clouées sur le plancher du hall, ces seaux cabossés d'où la couleur épaisse déborde, ces cachemires horriblement maculés, ces loyères qui jouent le rayon de soleil, voilà à quoi se raccrochent le succès des grands et l'espérance des obscurs.

Armé d'une longue gaule, suivant pas à pas le tracé du fusain sur la toile, marchant sur les balcons, sur les villas, sur les fermes, sur les toits vermillon, sur les salons somptueux, faisant sous son talon lourd pousser les fleurs, les feuilles, les blés, les fruits, — le maître décorateur est comme pénétré de son importance.

Le théâtre, c'est moi, a-t-il l'air de dire. C'est ce cabinet de curiosités qui est M. Sardou, c'est ce coin de serre qui est M. Augier, c'est ce coin de parc qui est M. Feuillet.

Et, en effet, le théâtre, c'est lui, — je n'en veux pour preuve dernière que la faillite de l'Opéra-Populaire, tombé sous la misère de son décor.

Il faut au public de véritables tableaux, des œuvres d'art, des scintillements; le théâtre ne repose plus sur les caractères, mais sur la perspective linéaire et aérienne, sur l'étude des architectures multiples, des paysages et de la lumière.

Nous récusons les poètes, mais non pas les poèmes de velours, de satins, d'ors et de dentelles.

Il n'y a plus que des comédies en cinq toilettes et des drames en cinq mobiliers.

L'art du parfait allumeur de réverbères; l'art de tenir la chandelle Jablochkoff; l'art de piquer les épingles; l'art de capitonner; l'art de mettre au point et de mettre en scène, — tous les arts qui se rattachent au théâtre, — ont tué l'art du théâtre.

Et, dans cet effondrement qui menace, quel cas plus tristement éloquent que celui de l'Opéra? Les arts qui se rattachent au théâtre en ont fait ici de particulièrement belles.

Il y a huit jours, dix candidats étaient sur les rangs, — et aujourd'hui, c'est comme en arrivant à Carcassonne !

On en est réduit à faire risette à l'amateur ; personne n'ose plus affronter les charges et subir les empiétements de l'art terrible qui sévit là.

Un théâtre était à construire, c'est à-dire un édifice aménagé spécialement avec des laideurs obligagatoires, imposées par sa destination même ; mais il fallait suivre l'entraînement et sacrifier à l'épidémie.

Au lieu de nous donner tout bêtement le théâtre demandé, où l'on puisse monter du neuf sans risquer la ruine et reprendre le répertoire sans qu'il faille des manœuvres de vingt-quatre heures, l'architecture, cet art qui devrait, au théâtre, vêtir juste l'utile par le beau, a changé l'Opéra en une bâtisse admirablement morne et somptueusement impossible.

On a parcouru un joli chemin depuis ce temps, bien discuté pourtant, où on lisait sur les affiches expédiées en province :

M^lle Mars jouera ce soir avec tous ses diamants !

On en est arrivé, dans ces appels, à des curiosités où le théâtre n'est pour rien, dans cette exploitation

14.

de l'orfèvrerie scénique, de la quincaillerie et du carton-pâte, jusqu'à ce fameux seau d'eau froide qui a tué Hélène Petit.

Grâce à ces arts que M. Arthur Pougin, en son curieux ouvrage, subordonne encore au théâtre, le théâtre est devenu un vaste réceptacle, un dock — comme une cité ouvrière.

On y fait de tout, on y colle, on y coud, on y boise, on y fait des cascades et de l'élevage, — mais de théâtre, point.

L'instrument s'est substitué à l'idée, la mécanique à l'esprit.

Rien n'est admis, rien ne peut paraître sans l'escorte de tous ces arts fameux, — qui éteignent ce qu'ils devraient illuminer.

Rien n'est beau, grand, bon, par soi-même; il faut les habilleuses à tout! Aucune pensée ne peut jaillir nue, aucune parole ne peut être simple.

Avec cette théorie, bientôt on ne comprendra plus la Vénus de Milo qu'attifée chez Worth, et l'Apollon du Belvédère que frisé par Lespès !

# LA MÈRE ARTIFICIELLE

Un triste soir d'hiver, l'hospice de Dinan recevait un petit garçon abandonné ; quelques mois après on envoyait l'enfant à la campagne, auprès d'une brave femme qui acceptait de le prendre et de l'aimer...

Le petit a vécu là, dans la ferme, dans l'odeur saine des bœufs, au grand air, et il est devenu robuste, laborieux et bon.

Un matin, quatre cent mille francs lui tombent du ciel dans les sabots ; le voilà riche, lui, le paysan par pitié, il va pouvoir rendre enfin à la vieille, à celle qui l'a recueilli et soutenu, un peu de sa générosité.

Mais à ce moment une autre femme surgit qui l'accable d'une immense tendresse et lui crie :

— Je suis ta mère, reconnais-moi donc, c'est moi

ta maman, — celle qui ne t'a ni bercé, ni élevé, ni aimé !

Lui, il ne veut pas reconnaître cette mère qui vient au-devant de sa richesse, il lui ferme sa porte, elle n'est rien pour lui, il la renie — en se gardant tout entier pour la vieille, pour l'humble qui a partagé avec lui.

La mère cependant s'entête à sortir de l'oubli, — n'est-ce pas qu'elle ne peut renoncer à son enfant, son seul bien, son unique amour ? Elle en appelle aux juges de Rennes et leur demande de le lui rendre, d'imposer à cet égaré l'affection filiale, de proclamer les droits inaliénables de la «génératrice».

Les juges ont donné raison à cette mère, ils l'ont vengée de l'injure faite à son sein maternel — et récompensée hautement pour n'avoir jamais accompli son devoir.

Au contraire des magistrats bretons, je pense qu'il devrait y avoir une prescription aussi pour les droits de la maternité.

Quand la mère véritable se dérobe, pourquoi ne consacrerait-on pas la mère de rencontre, — pourquoi ne pas reconnaître bonne et valable la maternité artificielle ?

L'enfant ne doit rien à ceux qui le mettent seulement au monde. Pour beaucoup, d'ailleurs, il n'est que la malechance, l'accident, la tuile.

Combien pensent à l'enfant, le long des nuits de

Paris, combien se le promettent et le rêvent comme une joie ?

A certaines heures, l'égoïsme est cruel, on se préoccupe bien de l'enfant, — mais c'est pour l'éviter.

Toute la théorie du suicide et des désespoirs à la Baudelaire est dans ce cri : je n'ai pas demandé à venir ! La maternité belle ne commence et ne prend réellement des puissances indéniables que du jour où l'enfant cesse d'être la petite chose pour devenir le tout petit être.

Des devoirs s'imposent et aussi des droits, à partir de cet éveil, — des droits qui ont bien une autre légitimité que ceux dont la pauvre mère se réclame simplement au nom de ses douleurs.

La maternité n'est pas un titre qu'on ramasse, tout mérité, dans le berceau ; elle est l'œuvre et la gloire de la longue patience, du soin éclairé, du souci, de l'étude même.

Quand la femme ne tient pas l'enfant par la main, anxieuse de cette intelligence qui va s'ouvrir et de ces sentiments frais éclos ; quand elle n'ajoute pas, et sans repos, de son âme à ce sang qu'elle a donné, elle n'est pas la mère, — elle a accompli seulement une fonction.

Cette longue succession de devoirs effarouche et désespère, j'en sais plus d'une qui trouve les bijoux de Cornélie démodés :

Aussi voit-on souvent la mère officielle le soir, aux

lumières, se jugeant en règle parce que le bébé n'est ni boiteux ni manchot, tandis que la véritable mère est à la cuisine, à l'office, qu'elle est l'inconnue qu'on paye, la paysanne qui se dévoue, — la Peggoly du petit David Copperfield !

Je me rappellerai toujours l'histoire d'une pauvre fille en service depuis de longues années chez une Marneffe. Elle avait vu naître là un petit garçon et l'avait élevé pour ainsi dire à elle seule.

Pendant que la mère, toute au monde, ne se souciait guère du bambin, lui donnait le dimanche dix sous pour se faire aimer de lui, la servante l'avait pris en affection, choyé, dorloté, éduqué même à sa façon. Le petit ne quittait pas la cuisine : il y trouvait bon et souriant visage.

Avec son gros tablier, ses lourdes mains crevassées à l'ouvrage, elle savait se faire écouter, et elle lui parlait doucement, la rude fille de campagne, élevée à la dure !

L'enfant ne connaissait et n'aimait qu'elle. Mais un jour, jalouse de cette servante, dans un accès de maternité, la mère renvoie la vieille, comme si elle n'avait jamais rien été dans la famille...

La pauvre vieille a fait sa malle, elle a réuni ses frusques, elle a quitté la chambre où pendant tant d'années elle se reposait de ses douze heures de fatigue, elle a embrassé une dernière fois « son enfant » et elle est partie.

Désespérée, pendant une semaine elle rôde autour

de la maison, épiant la porte, surveillant les fenêtres,
— en vain : on tenait l'enfant sous clef : enfin, un
jour de soleil, il sort avec sa nouvelle bonne : elle le
voit, le cher gosselet, et n'y peut tenir.

Au détour d'une rue, profitant d'une distraction
de sa gardienne, elle s'approche de lui, le prend par
le bras et s'éloigne rapidement dans la foule.

Le soir, après avoir promené le petit comme autrefois, elle le ramène à la maison, il est heureux et la
paysanne pleure :

La mère s'habillait pour le bal, sa fierté d'amour
maternel était tombée, la vieille avait bien fait de
revenir — pour que l'enfant eût une mère...

Ne serait-il pas juste qu'une vieille comme celle-là
fût mise en possession des droits de la maternité
dont elle supporte toutes les charges passionnément.

La mère naturelle faisant défaut, sacrifiant au
dehors la famille, ne serait-il pas équitable, stricte-
ment, de laisser à la mère d'adoption — à la mère
artificielle — ce petit être qui, sans elle, porterait à
l'aventure son instinct et sentirait à jamais peser sur
lui toute la morne tristesse et l'amertume des
enfances désolées?

La voix du sang est une religion qui tombe devant
l'expérience, on arrivera à ne plus la trouver guère
que dans le catéchisme des dramaturges : et encore
au théâtre ceux qui osent se sont-ils affranchis de ce
préjugé.

Dumas a rendu un des premiers la parfaite indifférence, l'immense dédain qu'un homme peut éprouver pour un autre qui se dit brusquement son père, après des années de désertion au devoir.

Le procès de Rennes vient appuyer encore cette vérité d'apparence profane, je sais bien, mais de scrupuleuse justice : que l'enfant est libéré de toute affection et de reconnaissance envers ceux qui se sont contentés de le jeter à la vie sans la lui enseigner doucement ; envers ceux qui lui ont donné simplement à manger et l'ont vêtu — comme ils font pour leur levrette ou leur perroquet.

L'enfant a droit de ressaisir l'indépendance, la propriété de son cœur et de le porter à de plus dignes, quand abandonné, dédaigné, malheureux, il rencontre sur sa route douloureuse des gens qui ne lui sont rien de par la nature, mais qui lui offrent de remplacer tout, par pure conscience et probité humaines.

# UNE IMPRESSION DE VOYAGE

Je reviens du Rhin. J'ai vu la Germania qui s'é-
lève, tout énorme, du sein des vignes de Rudes-
heim ; j'ai vu la Lorelei sinistre et j'ai jeté le nom
de la France à l'écho de son rocher sombre ; j'ai vu
les vieux châteaux et leurs ruines bizarres où montent les parfums du fleuve, — j'ai vu leurs filles
et leurs femmes, — bien fraîches, bien blondes,
bien rondes.

Mais tout en regardant du bon œil ces rêveuses
et sentimentales dodues, ces jolies petites boules
recouvertes d'étoffe claire, je me suis défendu d'admirer et de désirer...

Un feuilleton de J.-J. Weiss me trottait par l'esprit.

Weiss a rapporté ce qu'autour du Rhin on dit et écrit de nos Françaises, et retracé, comme il sait, le portrait qui circule là-bas de nos Parisiennes.

Un écrivain anglais assurait récemment que nos femmes sont méchantes de visage et de cœur.

Maintenant, en Allemagne aussi, c'est la mode de les déclarer laides, rebelles à toute grâce, et pour un peu, à toute propreté.

Ce souvenir m'a soufflé des scrupules — que je regrette, aujourd'hui que me voici de retour, loin de ces fruits savoureux que j'aurais pu goûter et que j'ai laissés sur la branche.

En y réfléchissant, je me trouve parfaitement absurde, et je déplore l'inutile sacrifice que j'ai accompli en l'honneur de nos exquises calomniées.

Il me semble que, loin de démériter des nôtres, j'eusse été très classiquement Français en contant là-bas un brin l'amour au clair de lune. Aimer en Allemagne l'espace d'un beau soir, c'était entrer dans la carrière, après nos aînés au haut panache.

C'était proclamer aussi qu'aucune attaque contre les femmes du doux pays de France ne peut nous blesser, — elles sont assez riches pour payer leur gloire, pour avoir la générosité et le dédain, pour demeurer les souveraines, à travers toutes les injustices.

C'était proclamer surtout que nous refusons d'entrer dans cette pot-bouille de la haine, dans cette pauvre et mesquine tactique qui consiste à insulter les femmes, à les ravaler, à les envelopper dans d'âpres ressentiments, sous prétexte que les hommes se sont coupé la gorge devant le canon.

La guerre des femmes? Hé! que nous restera-t-il? Tout les premiers, nous autres, nous sommes les dupes, dans cette formidable levée d'injures.

La femme est la seule fragile chose qu'il faille et qu'on puisse aimer partout; elle est la consolation de la vie — et son excuse.

Je la rêve en dehors des préoccupations qui chagrinent, aigrissent et bêtifient, — mise à part, comme une réserve de bonheur...

La Française à cette heure est sur la sellette; elle s'y assied avec un adorable froufrou de jupes.

De tous côtés elle s'entend traiter de vieille pomme jaune, — mais que lui importe? elle se sait, toute jaune qu'on la dit, toujours à croquer.

L'Anglais lui en veut mortellement, — l'Allemand l'exécute parce qu'elle est la mode, l'élégance, le luxe : pour un peu, il lancerait un körner contre elle.

Cette guerre faite à la Française est tout un mot d'ordre en Allemagne; les moralistes l'étudient comme un produit difforme, étrange, pernicieux; M. de Bismarck promet des primes aux marchands qui lancent la mode de Berlin et les petites ménagères du Rhin se gonflent de joie quand on leur chante que chez les femmes françaises tout est perdu, — l'honneur avec.

Elles laissent passer cette avalanche et en sou-
rient.

En cette circonstance elles sont encore supé-
rieures, spirituelles au point de ne pas vouloir se
servir de leur esprit pour répliquer, et charitables.

L'attaque n'en est pas moins brutale et indigne
d'une nation qui se vante de sentir au plus profond
la pensée, l'art et l'amour.

Le long du Rhin, on se répète la légende du poète
Henri Frauenlob — dont le nom signifie « chantre
des femmes ».

Le jour de sa mort, Mayence a rendu au poète des
honneurs tels que jamais personne n'en a rêvé.

Le matin, une volée retentissante de cloches
annonçait la cérémonie; on vit un cortège éploré de
vierges se diriger lentement vers le dôme où le tom-
beau était préparé.

Huit femmes en deuil, les cheveux ouverts, choi-
sies parmi les plus belles d'Allemagne, portaient le
cercueil bras nus, et des roses, et des lys, et des
myrtes embaumaient, et un chœur de mille voix
chantait au ciel la gloire du poète.

Dans l'église, on effeuilla toute une moisson de
fleurs vives et le vin d'or du Rhingau, dont le maître
s'enivrait, fut répandu à flots sur les vieilles dalles
du temple, et la nef même en fut inondée.

J'ai vu dans la cathédrale de Mayence le nouveau
monument élevé au poète, j'ai vu la statue de la

femme agenouillée qui dépose une couronne sur son cercueil de marbre.

Eh bien! c'est du pays qui a su rendre de pareils hommages à l'amour bien chanté que part aujourd'hui cette croisade qui s'en va frapper l'amour tout droit.

Eh! que font les femmes à la querelle?

Au lieu de songer à en faire des amazones farouches, de les rabaisser par un perfide système, il faudrait leur ouvrir, plus large encore, l'empire qu'elles tiennent et laisser venir à nous tout ce qu'elles peuvent nous donner d'ardent plaisir, de poésie pénétrante et d'art subtil.

Qu'aux heures sombres, chacune, chez elles se lève, marche, haïsse, lutte et gronde!

Mais que dans l'accalmie nous puissions au moins les applaudir, — les vouloir toutes! Les vaincus dans cette guerre des femmes, c'est nous, c'est à nous que vont les épreuves et les privations.

Pourquoi se priver volontairement du seul bien qui soit?

Croire aux femmes, laisser équitablement à chacune son originalité, ses vertus propres (vertu veut dire naturellement vice en ce sens), choisir la Française parce qu'elle a l'étincelle de l'amour, l'Allemande parce qu'elle en a la douce lumière, s'offrir le luxe de trouver à certaines heures indistinctement tout beau, tout joyeux, tout bon, — c'est la philosophie du bonheur.

Avec la guerre des femmes, adieu paniers — les vendanges ne se feront pas.

Je sais bien que la Française suffit à elle seule : une Française souvent même suffit pour deux : mais je n'en regrette pas moins la petite Allemande qui mangeait une sandwich sur le bateau...

On eût dit qu'elle mangeait sa joue rose sur du pain.

Ah! si **J.-J.** Weiss n'avait pas fait son article, je n'en serais pas à philosopher : c'est pour la première fois que j'ai à regretter d'avoir lu **J.-J.** Weiss.

# M<sup>ME</sup> BOVARY ET M<sup>ME</sup> GERVAISAIS

Un amant dans le ménage est moins redoutable
qu'un prêtre : je viens d'examiner les faits d'un procès qui appuie terriblement cette opinion, un peu
risquée à première vue.

Avec l'amant, l'avenir n'est pas compromis : on
peut entreprendre et réussir la guérison...

Bien mieux, il porte bonheur parfois, il éduque, il
ramène à la vertu, en ôtant au vice de ses illusions ;
il peut faire pleuvoir sur le mari, des félicités qu'il
n'espérait plus, il peut devenir pour les joies des
époux réconciliés, une véritable corne... d'abondance.

Avec le prêtre, ce n'est plus l'erreur passagère :
c'est l'absorption de la femme, calculée et métho-
dique ; c'est le détournement de l'éternelle mi-
neure, sans appel, sans retour.

Quand l'Eglise opère, sa victime lui reste acquise à jamais ; elle porte des marques ineffaçables, elle est prise tout entière et dominée.

Rien ne subsiste de son intelligence, de son cœur, de sa dignité ; par un singulier contraste, au moment où elle a l'air de se vouer toute au bien, à la charité et à la morale, de se sacrifier et de s'élever, elle tombe dans le plus lamentable égoïsme, très bas.

Elle devient la femelle stérile, la desséchée, la sainte bête malfaisante.

Qu'on en juge : M. Blondé épouse une élève du Sacré-Cœur ; en bon bourgeois il rêve la maison pleine d'enfants ; il est épris, il a le droit au bonheur.

Point : Madame ne consent à accomplir ses devoirs d'épouse qu'après d'incroyables résistances ; enfin, elle accouche d'une petite fille, qu'elle délaisse pour courir à l'église : l'enfant abandonnée meurt de sanglots hoquetants au bout de trois mois.

Après l'enfant, le père. Sous prétexte de charité, M^{me} Blondé distribue tout ce qu'elle trouve de linge et de vêtements autour d'elle ; un jour, il ne reste à son mari que la chemise qu'il porte sur le dos.

Il rentre ? pas un lit où se coucher.

Il veut se mettre à table ? on lui apporte une soupe où trempent des débris de pain ramassés sur les tas d'ordures du quartier.

M^{me} Blondé porte un cilice de crin, elle donne sa

peau en pâture à la vermine la plus hideuse, elle
couche dans des linges tachés par les prétendues
plaies de Louise Lateau; elle organise contre son
mari la persécution la plus raffinée et la plus cruelle,
— et pleine de crasse en N.-S. Jésus-Christ, tout
imprégnée des odeurs de saint Labre, monstrueuse
comme femme, épouse et mère, elle pense mériter
ainsi ce ciel que son confesseur lui décrit et lui vante
comme un paradis fait à souhait pour son hystérie!

Je ne sais pas de plus effroyable spécimen. Ni les
Goncourt, quand ils ont étudié l'Illuminée à Rome;
ni Michelet, quand il a montré le prêtre dans la
famille; ni Zola, quand il a observé les dessous de
la conquête de Plassans; ni Charcot, ni Legrand du
Saulle, quand ils ont disséqué la piété, n'ont approché d'une pareille corruption.

A côté du prêtre, Don Juan n'est qu'un écolier.

Tout ce que nous avons pu imaginer, nous autres
pauvres diables, sur qui n'est pas descendu l'Esprit-
Saint, pour séduire et capter, — le langage ardent
ou fleuri, les rideaux baissés, le jour propice, —
toutes ces menues roueries sont de l'innocence et de
l'enfantillage à côté du formidable attrait de la cathédrale.

La cathédrale, à cette heure, consomme des
femmes; elle n'a d'ailleurs plus d'autres moyens,
d'autre espérance que leur imagination et leurs
nerfs, qu'elle exploite avidement.

Elle ne laisse rien perdre de la femme, toutes ses

15.

manœuvres tendent à s'emparer de cette malléable
et délicate chose, à qui elle promet frauduleuse-
ment la béatitude.

Pour la moderne femme d'église, l'encens vaut
une morphine ; d'une maigreur épinglée, elle va
tressaillir en Dieu, au son des cloches, tandis que le
suisse au beau mollet joue de la hallebarde, tandis
que le prêtre vague le long du clair-obscur des chapelles, le bonnet carré en main.

C'est une irrésistible et poignante tentation que
donne aux femmes courbées comme les roseaux de
Musset cet homme qui du haut de la chaire, au nom
d'une religion antimatérielle, caresse en longs discours de divines virginités, chante avec délices les
ventres bénis et se complaît à remuer leur curiosité malsaine et leur extatique faiblesse.

Une fois l'œuvre de destruction commencée, la
religion l'achève jusqu'au bout.

Rarement la femme se délivre de cette étreinte,
se ressaisit, revoit clair en elle-même et autour
d'elle.

M^{me} Blondé est un des produits les plus caracté-
ristiques de cette action funeste du prêtre dans la
famille.

Si la vertu chrétienne doit répandre tant de douleurs, accumuler tant de ruines là où elle s'exerce
mieux vaut encore la faiblesse purement humaine...

Avec elle, au moins, il y a de la ressource et de
l'espérance.

Lorsqu'une femme s'oublie simplement avec quelqu'un de ces pauvres animaux sans plumes, elle se retrouve le plus souvent, elle médite et se désabuse; lorsqu'elle s'oublie avec Dieu, elle est perdue à tout jamais.

On pourrait organiser une société de sauvetage pour l'adultère ou un hôpital.

Pour le fanatisme, il n'y a qu'à le laisser mourir.

On peut guérir *M<sup>me</sup> Bovary*, — *M<sup>me</sup> Gervaisais* est une incurable.

# LE JOYEUX COMPLICE

Un jour, M^lle Van Zandt racontait ceci à un confrère de mes amis :

L'autre soir, un monsieur qui avait une grande
couronne dans son chapeau et une grosse julienne
à sa boutonnière me dit : « Pourquoi, mademoiselle,
prenez-vous toujours des fiacres ? Une gentille petite
femme comme vous ne devrait pas se montrer en
pareil équipage. J'ai six voitures dans ma remise,
vous devriez me permettre de vous en laisser une. »

Je lui ai répondu :

« Que voulez-vous que je fasse de votre voiture ?
une seule ne me suffit pas, il m'en faut mille au
moins. La Compagnie vous a devancé, cher monsieur,
elle tient toutes ses voitures à ma disposition, je
sors, je lève le bras, et elles accourent toutes ! »

J'ai comme une idée que tout le mal dont on accable M^lle Van Zandt vient de là.

Si M^lle Van Zandt avait été une Parisienne dans le mouvement, on aurait trouvé fort plaisante sa petite aventure, on l'aurait déclarée un peu raide — mais rudement bonne.

Maintenant c'est fini !

Les critiques ont jugé scandaleux qu'il y ait à l'Opéra-Comique d'autres ivresses que celles de l'harmonie.

Les soiristes ont vu un tour de foire dans cette exhibition d'une fauvette qui étrangle des perroquets !

Le public s'est voilé la face et a demandé qu'on cachât net la coupable à ses yeux, avec toutes les feuilles de la vigne du Seigneur.

Moi, dans mon coin, je pense que M^lle Van Zandt a eu le tort grand de boire toute seule.

Cela ne se fait ni au régiment, — ni au bataillon des étoiles.

Ah ! si dans la salle il y avait eu le monsieur, — celui que tout Paris connaît, qu'il cite et se raconte. Si parmi cette foule accourue, un seul avait partagé la belle fiole et bu au verre dans le péché convoité du tête-à-tête, quelle autre fin d'histoire !

On n'aurait parlé que de grâce cavalière.

On aurait été séduit, captivé, attiré, par ce voile jeté à l'envers, — s'il avait été complété par le bonnet jeté sur les moulins.

Tous se seraient pâmés d'aise, de plaisir, d'envie devant cette endiablée, cette bonne fille, — cette piquante gaillarde que le pompon n'effraye pas.

Quelle indulgence, mes amis, quelle camaraderie, et quel souper pour finir !

On lui aurait commandé un thé de menthe d'honneur, chacun se serait disputé ce cheveu auquel elle avait mal — et tout était dit.

Mais non, M<sup>lle</sup> Van Zandt n'est pas drôle.

Elle ne compte que comme une jolie boîte à musique — et Paris n'accepte qu'on manque de tenue sur les planches que lorsqu'on en manque galamment ailleurs.

Dans cette aventure, tous ont crié au scandale, le bon public même prétend qu'un pareil outrage fait à sa dignité ne demeure pas impuni.

En vérité, c'est ici qu'il faut rire.

Alors, mon cher public, tu t'es jugé offensé mortellement à l'Opéra-Comique ? Mais regarde donc autour de toi.

A cette heure, dis-moi le théâtre où tu n'es pas la dupe, où l'on ne se moque pas de toi, où tes yeux, ton ouïe, ton esprit, ton cœur, ta délicatesse, où tout ce qui est le meilleur de toi n'est pas heurté, blessé, flétri !

Les imbécillités qu'on te sert ne sont pas, j'imagine, pour rendre hommage à la valeur haute de ton intellect.

Ce n'est pas pour proclamer la supériorité de ton

goût et de ton éducation que les féeries, les couplets, les chansons, les acrobates, les trucs, les singes, les chiens, envahissent le spectacle ?

Est-ce pour ménager ton honnêteté, pour flatter ta vertu bourgeoise, pour épargner ta pudeur que les meilleures places, les plus en vue, sciemment, sont données le soir aux filles esclaffées, et que dans la salle, dans les couloirs, sous le vestibule, partout, tu es cerné, mon cher, et ballotté par on ne sait quelle foule indigne de toi.

Crois-tu que la Grande-Duchesse et les petites de sa suite soient bien pénétrées de ce qu'on te doit ?

Et quand ce maillot s'agite, et quand ces bras se lèvent, et quand ces corsages tetonnent, es-tu bien sûr que tu es respecté, mon bonhomme ?

Ose donc le dire, si tu l'oses !

C'est précisément un des caractères de ce temps, qu'il n'a ni souci ni déférence pour le public.

En permanence, au théâtre, aux vitrines, aux carrefours, on le raille, on le défie, on le bafoue, et il s'en va enchanté, et il défile tout heureux et fier de ces affronts !

Il trouve ce dernier quart de siècle très gai, très indépendant, très dégagé, — et jamais l'idée ne lui viendrait que tout cela lui est un perpétuel outrage...

Il se complaît dans cette boue et il veut même y vivre vieux.

Que pèse, à côté de cet état constant d'irrévérence, l'incident Van Zandt ?

Certes, la cause est entendue ; dans Chérubin, le page s'est brusquement révélé ; le bel oiseau qui chantait la romance à Madame n'est plus qu'un oiseau bleu — de Suresnes.

Certes la démarche de M. Carvalho, auprès du syndicat de la Presse, était perdue d'avance et l'on ne voyait pas bien M. Bapst faisant l'article pour M<sup>lle</sup> Van Zandt, — quoiqu'elle ait passé longtemps pour un bijou... Mais il faut laisser là ces beaux airs scandalisés.

L'étoile a cessé de plaire, cela peut s'expliquer : ce qui échappe à l'entendement c'est l'accès de pruderie où donne le public.

Il a tout autorisé, provoqué, applaudi.

Il n'aime, ne lance, ne protège que ce qui sort de chez Bordenave ou veut y entrer.

Et quand après de si nobles déduits, ayant jusque dans la gorge de cet air mauvais, saturé de laideurs, rougissant de tout ce qu'il a toléré, il veut faire le merle blanc et jouer au sentiment, n'a-t-on pas le droit de sourire et de lui rappeler son écrasement aux guichets, dès qu'il s'agit de Bilboquet et de Gugusse, de la Vénus maquillée et de Phryné-Pompette !

Il faut en prendre son parti : le théâtre devient de plus en plus l'exhibition malsaine, qu'on attende de lui toutes les surprises.

Il a commencé sur le trottoir, il risque de finir au milieu de la rue.

Je soupçonne qu'on m'oppose déjà l'inéluctable *Maître de forges*, mais si l'on fouille ce grand succès d'honnêteté, il se résume en ceci :

Deux millions d'yeux, — ce qui est d'ailleurs un phénomène, — braqués sur la serrure d'une chambre à coucher !

De tout cela une moralité se dégage : c'est que le public n'aura le droit de crier à l'offense que du jour où il cessera de faire la fortune de l'offenseur et sa gloire.

Dans sa situation actuelle, il ne peut poser pour la victime, ses mélancolies de gourmand rassasié ne me vont pas au cœur et je ne puis admettre que, joyeux complice, il s'en aille faire tant de bruit pour un petit pied qui remue, quand il n'a pas assez de délire pour la jambe en l'air !

# STATUE

L'Académie ne s'est pas fait représenter à l'inauguration de la statue de George Sand.

Elle a refusé net d'augmenter de son hommage la mémoire de cette prodigieuse perturbatrice.

Cet hommage, en la circonstance, aurait été doublement nécessaire et précieux.

Il venait, reconnaître, fixer — absoudre l'œuvre de cette irrégulière, sa littérature pervertissante, son romantisme délétère; il était comme une sanction donnée par le goût et par la tradition au chaos de cette inspiration néfaste.

J'applaudis l'Académie qui n'a pas voulu consacrer l'hystérie férocement sentimentale, les psychologies jouisseuses, les pornographies éthérées dont

M^me George Sand a gonflé ses produits les plus renommés.

Au moment où tous vont chanter les rêves généreux, les nobles pensers, l'indépendance de cette femme de lettres philosophiquement appuyée, pour finir, sur son balai rôti, il faut oser dire ce qu'elle a fait de victimes.

Je ne parle pas de celles que son amour redoutable a semées tout le long des chemins, sur les îles, à Venise la rouge, — de celles qu'on lui pardonne, parce que leur martyre a eu des sanglots de génie, parce que leurs douleurs sont aujourd'hui la providence des professeurs de piano et le bréviaire des collégiens qui soupirent...

Ce sont les victimes de ses livres qu'il faudrait pouvoir compter ; toutes ces obscures liseuses qui se sont empoisonné le cœur et l'esprit pour les avoir approchés !

A George Sand revient, sans conteste, la gloire d'avoir su lever, grouper, entretenir une armée de détraquées et d'adultères, telle qu'on n'en avait vu jamais.

Nous jurons volontiers que dans ce dernier quart de siècle, la femme jouit d'un nervosisme et d'une dépravation sans exemple : que n'avons-nous les mémoires d'un Charcot préposé aux moelles des contemporaines de M^me George Sand !

Elle les a secouées étrangement, dans l'âpre et inquiète recherche de la Passion où elle était.

Elle qui demeurait, au sein même de l'Amour, comme une Vénus glacée, elle a trouvé en son honneur des cantiques fous et des hymnes dont l'écho a été formidable.

Cette ardeur factice a brûlé plusieurs générations.

On ne saurait jamais tout ce qu'*Indiana* a ruiné de petits bonheurs dans le ménage, de vertus calmes, de confiances ; tout ce que *Zélia* a pris au foyer et brisé.

Les idylles fraîches et tendres de George Sand ses quelques nobles et pures inspirations, sa mystérieuse et pénétrante poésie, ne peuvent racheter le Roman qu'elle a institué.

La première, elle a écrit le livre véritablement immoral, le livre dangereux, le livre à surveiller, — celui qui est fait avec toutes les perversités de l'imagination, où toutes les trahisons, les lâchetés et les hontes s'idéalisent dans le bleu.

Elle a tenu boutique littéraire de passion, et en vendant de la sorte des cris, des rages, des blasphèmes, des litanies pour alcôves et des poses pour désespérés, — elle a défiguré l'amour.

Le plus brutal morceau arraché à la réalité, le plus cruel document dérobé aux ténèbres de la vie, devraient effrayer moins que cette phraséologie hypocrite où les mots vous chatouillent, où les périodes vous pelotent ; que ce spiritualisme qui fait : Pst! pst!... » que cette extravagante canonisation des sens,

George Sand, toujours en dehors de la vie (elle se vante d'être plus haut), enveloppant ces frêles et malléables âmes de femme dans une langueur pleine de troubles, laissant au fond des esprits qui fréquentent chez elle comme un inusable levain d'ivresse, écrivant sans art ni soin, dédaigneuse de toute critique, jetant d'un roman à l'autre ses mannequins byronnesques, ses petits vieux qui ont trente ans, et ses patraquées qui gloussent au clair de lune, — George Sand a puissamment préparé cette dégringolade où on nous fait rouler.

Elle est comme l'aïeule de nos « bouleversées », de celles qui ne semblent vouloir de notre amour ni le mot, ni la chose, monstres bizarres qu'on ne sait par où retenir, qui échappent à toute tendresse sincère et saine — et déshonorent.

Les bas-bleus rêvent encore de sa cigarette libératrice, les femmes de ses héroïnes indépendantes.

On la lit en la tachant de bougie, le coude sur l'oreiller, et l'oreille aux aguets.

Et elle subit cette peine : tout ce qui est vraiment supérieur dans son œuvre, tout ce qui autorise cette statue, tout ce qui lui permet d'avoir pour l'éternité les moineaux de la gloire sur la tête, la foule ignore tout cela ou ne le compte point.

George Sand demeure pour elle la grande doctoresse de la Passion, l'escamoteuse géniale de ce vilain gros mot d'adultère, la consolatrice du bonnet de coton. Celle qui a su secouer les servitudes de la vie à deux seulement, et chanter comme il convient les indigestions de fruits défendus !

L'Académie a bien fait en refusant de consacrer une gloire que le public n'entend guère que de cette manière-là...

Impossible pour elle de couronner, dans une même année, George Sand et le prix de vertu !

# SOUVENIR DU CHOLÉRA

L'Espagne, qui a Sa Majesté Alphonse XII en quête d'eaux sulfureuses, s'offre contre nous le luxe d'un cordon sanitaire au pied des Pyrénées.

L'Italie, qui a Naples, frémit pour sa botte ; la Belgique tremble pour la santé de M. Kistemackers.

A Lyon, des gens se jettent par la fenêtre, dans la terreur du mal ; à Marseille, une actrice s'enfuit au lever du rideau ; à Paris, pour le quatorze Juillet on parle de plier les drapeaux et de mettre du sable dans les lampions.

De toutes parts, c'est la Peur. On se fait des cheveux blancs, on ne peut même plus avouer un frisson sans qu'on vous porte à l'hôpital, on fond en sueurs d'effroi. C'est l'âge d'or de la pharmacie, — qui se venge ainsi de la complainte de Serpette.

Chacun dit son histoire de microbe, chacun se montre grand clerc en matière de colique.

Pas un Parisien aux champs ne regrette à cette heure son ruisseau de la rue du Bac ; des chalets, sur la grève, on écrit qu'asiatique ou nostras il répand la terreur ; dans le Midi on rêve de processions gigantesques pour faire rentrer dans sa paume le doigt de Dieu : et pendant ce temps les journaux d'Allemagne assurent que la France éperdue reçoit le professeur Koch comme un sauveur.

Le moindre coin de terre est envahi par cette panique : la religion, qui a canonisé saint Labre, l'entretient pieusement d'ailleurs, pour faire pièce à la République, « le règne des fléaux ».

Aussi la vie commence-t-elle à être bizarre. Il nous fallait précisément un peu de fantaisie pour égayer la banalité courante : elle vient à nous, et on peut bien en rire un brin, puisque rien n'est perdu — fors la belle humeur française.

Je me suis promené hier dans le jardin de mon voisin, tout le long des buis, et voici ce que j'y ai vu :

Les groseilles pendent là magnifiques, — et pourtant désolées, les blanches, les rouges et les noires ; sur les pommiers, à côté des fleurs jaunies et séchées qui sont demeurées à la branche, les pommes se groupent rondes, vermeillées, pleines de promesses, — et pourtant un peu chagrines ; les poires, sur le vieux poirier qui donne à toute une fourmilière son écorce ébréchée, se dessinent en masses, mais elles ont l'air mélancolique ; le cerisier énorme a des cerises joyeuses qui piquent des points roses et cramoisis dans la verdure touffue, jusqu'en haut, sous le ciel ; mais pas une cerise ne manque, et le spectacle de cette opulente moisson qu'on dédaigne est inquiétant ; les fraises, innombrables, percent sous les larges feuilles ; mais elles traînent lamentablement sur la terre, mourant d'être si belles — et de n'être pas cueillies...

Le jardin regorge, à profusion épanoui ; sur le moindre rameau un fruit repose, admirable de maturité, de couleur et de contour.

Tout cela, dans l'encadrement des œillets et des lis, c'est le poème même de l'Eté, c'est l'odorante et savoureuse jeunesse des sèves.

L'œil en sourit, la belle confiance du sage dans la nature, l'espoir d'un éternel renouveau, la joie de vivre vous viennent et vous chantent au cœur, quand on contemple cette abondance, cette variété et cette poésie ; et pourtant, aujourd'hui, tout cela est redouté, condamné, maudit !

Mon voisin tremble devant ces arbres généreux — et les traite en ennemis, soudain, lui qui cet hiver encore les dorlotait avec passion...

Et c'est pourquoi ils sont si tristes dans ce jardin qu'ils ornent luxueusement et emplissent de gaieté.

Mon voisin n'ose approcher d'eux, il a peur ; c'est la mort même qu'il voit dans cette éblouissante fruiterie que tient son jardin...

16

Il s'est juré de laisser cette moisson sur place, elle va griller et pourrir sous le soleil — qui l'a donnée.

Aussi ces fruits, ce semble, ont-ils comme une plainte : ce sont les abandonnés, les martyrs du jour ; la préfecture de police, qui s'est déclarée contre eux, leur a porté le dernier coup.

Mon voisin est affolé à ce point et hanté par la vision noire du fléau qu'il en maigrit et en arrive à ce phénoménal ridicule de frémir devant les grappes lourdes.

Plutôt que de sauver un seul de ces fruits qui pleurent de l'immense mort sur la branche, plutôt que d'en laisser venir un sur sa table, il est allé quérir tous les petits fours racornis de la banlieue.

Et maintenant ce sont des macarons qu'on lui apporte en pyramides, sur des feuilles de vigne !

Ce n'est qu'en sifflant, comme s'il traversait un bois, à la nuit, qu'il se risque dans ce jardin où tout est lumineux, bien joli et bien vivant ; il pâlit, il vague comme une âme torturée, dans l'obsession du microbe, fuyant devant les fleurs qui sont trop pénétrantes et devant les fruits qui sont trop dorés.

Et ainsi, tandis qu'autour de lui tout palpite et chante, et embaume, plus armé en guerre contre ses cerises et ses groseilles que Don Quichotte contre les moulins, il personnifie la Peur même — et jamais je ne l'ai vue si annihilante et néfaste.

Mon voisin ne connaît même plus la tentation de

cueillir : il s'est imposé le dédain sans défaillance.
Et ce n'est pas seulement aux pommes de son jardin
qu'il se refuse, mais encore à celles d'un petit jardinet
qu'il a acquis de par M. le maire...

J'ai regardé ma voisine à la dérobée : elle est lan-
goureuse et navrée, elle aussi, quoique en pleine
beauté ; elle était le fruit légitimement permis, et
voilà qu'elle redevient le fruit défendu.

Certes, c'est là grand succès pour une femme ; se
ressaisir de la sorte dans le passé, reconquérir l'attrait perdu de la nouveauté, redevenir ce qu'on était
au premier jour, c'est le rêve de plus d'une ; mais ma
voisine a l'air de trouver le temps long.

On la laisse sur la branche, elle aussi ; dans le
jardin c'est Pomone qui souffre, en elle c'est Vénus.

Veut-elle respirer l'air dans les allées ou chercher
l'ombre sous la tonnelle, mon voisin, l'esprit bourré
de consultations et d'*interviews,* s'éloigne d'elle et
court comme un lièvre.

Il a peur du tête-à-tête, des causeries sur le banc
des soirées tièdes : il s'est mis farouchement en garde
contre l'amour des fruits et contre les fruits de
l'amour.

Ma voisine, à vrai dire, ne me semble pas d'humeur
à accepter d'être sacrifiée de cette façon au spectre
de l'épidémie ; elle a un regard qui dit bien des
révoltes et qui annonce un assez joli tempérament de
séparatiste.

Il ne faut jurer de rien ; la plus honnête femme

peut se lasser de voir prendre tous les soirs, en pure perte, du thé de menthe à son mari ; quelle expiation alors, mon pauvre ami, et quel châtiment pour ce crime d'avoir méprisé tant de beaux fruits, si tout cela finissait au panier des pêches... à quinze sous !

Mais mon voisin ne veut entendre raison. Il jette du phénol dans son jet d'eau et parle de désinfecter les roses.

C'est pitié de le voir si pauvre, si mesquin, si ratatiné dans l'effroi, devant cette ardente et bienfaisante nature, — qu'il traite en suspecte. L'angoisse l'a tellement saisi, la peur bête l'a démoli à ce point qu'il est une proie facile indiquée.

Allons, voisin, debout ! Il faut opposer au mal une belle assurance, il faut lui montrer visage d'homme, — il faut cueillir surtout, pour ce que cueillir est le propre de l'homme !

# UNE ANCIENNE

Un dernier coup a frappé M<sup>lle</sup> Rousseil.

L'illustre artiste finit comme elle a commencé elle est, à cette heure, aussi pauvre, aussi triste, aussi abandonnée qu'au temps où elle vendait la belle Valence dans son pays de Niort, où elle arrivait à Paris, pâle fleureuse autour de la Madeleine, où elle louait des petites chaises devant le Bois, club des Pannés.

M<sup>lle</sup> Rousseil a été saisie, dépouillée brutalement de tout ce qui lui était cher, volée par la clique vague de tout ce qui était ses moyens d'existence, son secret, ses délicatesses de femme, ses rêves de poète, ses larmes de désespérée.

Un jour, tandis qu'elle voulait regagner son garni,

elle a trouvé au bas de l'escalier cet écriteau : ordre d'expulsion...

Et les démarches ont été vaines, et les supplications !

Sur le trottoir, celle qui attendait la gloire de Rachel, dans la rue Chimène et Phèdre, à la belle étoile la créatrice de l'*Idole !*

Je ne sais rien de plus navrant que la lettre qu'elle adressait hier à Mᵉ Georges Lachaud : « Défendez-moi, lui criait-elle, voulez-vous me défendre ? »

Quelle misère dit cette requête éperdue !

Seule après une longue carrière, livrée à toutes les férocités de la paperasse, sans travail ni secours, incapable de ramener à elle l'intérêt qui s'éloigne, avec la vieillesse qui la ride en toute hâte, traînant à sa suite cette épithète de « raseuse » que Paris distribue dès qu'il veut se garer des infortunes qui le gênent et le confondent, Roselia Rousseil vit de lamentables jours et personne ne songe à entendre sa plainte.

La voilà condamnée à solliciter un défenseur d'office — comme si elle était criminelle — et les journaux qui ont publié sa douloureuse prière à Mᵉ Lachaud n'ont pas eu de réponse à donner dès le lendemain !

L'époque, à vrai dire, n'est pas tendre aux Anciennes.

Des étoiles dégringolent du ciel qu'on croyait fixes à jamais.

J'avoue même contempler avec délices et fierté ce krach des astres, quand il s'en va retirer d'une gloire déjà trop entretenue, certain duo de blonde et brune mis en sonnet par Banville.

M<sup>me</sup> Théo diminue jusqu'à disparaître, — elle est comme un régal resté sur le feu trop longtemps : on s'aperçoit enfin que c'est là une fausse grasse — en talent aussi.

Ni les tambours ni les trompettes n'ont accueilli M<sup>me</sup> Judic quand elle s'est présentée, en tournée, dans certaine bonne ville de province : c'est la revanche qui commence de tous ceux qui, de vieille date, dans leur coin, sont demeurés parfaitement cois, devant les sous-entendus et les clignements mille fois répétés de cette diva — grosse gamine.

Il n'y a plus que Gayarre pour lui chanter la romance sous les lucarnes des lazarets, tandis que M. Albert Millaud prend des notes.

La troisième grande favorite, le troisième article de Paris, ne jouit pas d'un sort meilleur : M<sup>lle</sup> Garnier s'éclipse, le charme se brise...

Elle a trop le choix de ses théâtres, et pas assez — comme l'indiquent les tapissiers récalcitrants — celui de ses petits hôtels.

Ce krach des étoiles me laisse sans une envie de protester. Elles ont eu, celles-là, la vie aisée, le succès souriant, le bouquet facile.

Nulle recherche d'idée, nul effort. On leur exécutait des pièces sur mesure, pour elles, à la hauteur de leurs moyens.

Il n'y a pas eu de leur part l'ombre d'une tentative — d'une pensée : la Poupée exquise disait papa et maman, — et la mécanique qui la faisait marcher n'aurait pas varié pour deux empires.

Mais où je réclame, c'est quand cette liquidation des Anciennes s'en va englober une femme comme Rousseil, une artiste de cette roche, une magnifique inquiète comme celle-là !

Je ne compte pas plus qu'il ne convient sa *Fille du Proscrit*, sa traduction des adieux de Didon et d'Enée, ses poésies sacrées, ses élans mystiques vers l'abbé Roussel et vers le Rosaire.

Je compte que c'est là une vaillante délaissée, un tempérament perdu pour l'art, une force neutralisée.

Si Agar est la Juive errante de la tragédie, Rousseil est la grande exilée du drame : et elle vaut d'y rentrer, elle si sombre, elle si puissante.

Qu'on laisse s'exécuter la sentence pour les Anciennes qui ne sèment déjà que trop d'élèves, — les petites gentilles, tout adorablement bébêtes, émerveillées avec de grands yeux vides devant le *pas ça, pas ça* ou *qu'ès aco*.

La graine Théo se cultive aux quatre vents ; le secret de Judic court les cafés concerts ; le ronron de Granier se trouve au rabais : mais qui nous rendra « l'Actrice », — celle qui était simplement du Théâtre, pour le Théâtre, par le Théâtre !

Les débutantes ont beau fleurir, — à l'ombre de
M. Dumas fils ou de Busnach, elles ne font pas ou-
blier la tradition poignante que représente une
Rousseil.

Et voici cependant ce qui se passe :

La plus infime diseuse, — car aujourd'hui on se
pique de « dire » dans l'opérette et dans les pièces
Millaudnaires, — est adulée, enrichie, disputée, tandis
que celle qui comprend les belles choses, les inter-
prète et les fait aimer, dont le cerveau cherche et
dont l'âme trouve, s'en va, sans un liard, sans une
harde, à la découverte angoissée d'un refuge :

Et cette bohème forcée ne date pas de cette
heure !

Depuis de terribles années, Rousseil se débat contre
cette tyrannie monstrueuse : les oppositions aux
appointements — ou mieux au pain; les frais de
beau papier avec une dame dessus, les grimoires
scandaleux dont on ne se tire qu'égorgé.

D'autres, auxquelles les théâtres se ferment, se
sont rattrapées en contant les impressions d'un
canapé ou de tel ou tel objet intime ; une littérature
spéciale est née de cette fin d'engagements, qui sent
de loin la pourriture.

Rousseil tout au moins méprise un tel commerce.

Elle a repoussé cette exploitation, elle s'est re-
dressée, elle a lutté, elle n'a entrepris que très
haut,

Elle a bravé le ridicule d'être vaillante, sévère et digne, et quoi qu'on puisse penser de ses œuvres, l'audace d'avoir abordé une pareille besogne devrait sauvegarder l'ouvrière et la laisser debout.

Mais point ; il n'y a pas assez de railleries, pas assez de cruautés pour celle-là !

Allons l'Ancienne, quand disparais-tu ? ne vas-tu pas sauter par-dessus les ponts !

Les ponts seuls, en effet, restent à Roselia Rousseil, comme elle le dit.

Ce livre qu'elle préparait pour Lemerre, on l'a subtilisé, ces poésies de la *Solitude* dont elle attendait de quoi vivre, on les lui a prises et les juges déclarent qu'ils n'y peuvent rien.

Eh bien ! la laissera-t-on sombrer ?

Paris qui a usé toute la bonne foi, toutes les bonnes volontés, — tous les ragoûts de Madame Baron au profit de gens qui, guéris, nous viennent donner de savants coups de couteau. Paris ne trouvera-t-il rien pour cette artiste, pour cette Française qui ne demande qu'un défenseur — et qui n'en voit pas un seulement se lever à son appel, immédiatement !

Une coquine, une vitrioleuse, parbleu, toute l'avocasserie se démène !

Elle, pas un directeur pour l'engager, pas un poste pour l'exiger, pas un plaideur pour la sauver, pas un ami pour l'appuyer !

Ah ! pauvre Ancienne, si vous qui êtes une grande artiste, la dernière du beau et du vieux temps, si vous devez finir de cette manière-là, qu'est-ce qui attend donc les autres ? Les montreuses de corsage, les dondons boulevardières, les divettes du maillot, les étoiles de ritournelle.

L'an dernier on contait que Rousseil allait entrer en religion.

Maintenant la somme d'infortune est au comble, il importe d'agir car il n'y a plus même de sœur Roselia possible. Chère sœur, et le trousseau qu'il faut, chère sœur, et la dot !

# L'ÉCOLE DES MARIS

Les études de M. Naquet, sur la question du divorce, ont une autorité et une ampleur particulières. Mais à côté de son initiative, des travaux importants se présentent et s'affirment.

C'est ainsi que j'ai reçu un travail fort curieux de M. Jacques Bertillon : j'en détache une petite statistique, qui ouvre de singuliers horizons, un petit calcul sur qui repose tout simplement la philosophie du mariage et la physiologie du bonheur.

M. Jacques Bertillon, pose ce résultat significatif dégagé d'un recensement suisse de 1870 : Plus l'âge de l'homme l'emporte sur celui de la femme et plus le divorce est rare ; plus l'âge de la femme l'emporte sur celui de l'homme et plus le divorce est fréquent.

Cette proposition mathématique paraît à première vue d'une immoralité qui fait rêver...

C'est la mort de Roméo, de l'amour pur, du printemps, des roses qu'effeuille au bord du chemin ce couple enlacé, dont on dit : « Ils ont bien quarante ans à eux deux! »

D'ordinaire, c'est le dada des vieux et bons bourgeois de souhaiter autour d'eux, pour élargir le cercle de famille des jeunesses fortes, saines et tendres; lui, aurait conservé intacts dans la vie sa fière allure, sa fraîcheur de sentiments et sa puissance de sensations; elle, elle est enfant et ignorante, — un peu moins que lui, voilà tout...

Passe une statistique de M. Bertillon, puisée où? dans le pays même, dans la patrie par excellence des voyages de noce et cette idylle s'écroule, et le néant apparaît de cette vision pastorale et chaste, de ce nid où paressent amoureusement la fauvette et le merle blanc!

Il appert, nettement, que les unions où les époux sont de même âge, ne sont pas les plus résistantes.

Quand Monsieur a vingt ou trente ans de plus que Madame, le ménage roule paisiblement; pas d'éclairs — partant, pas d'orage.

Un barbon, à condition qu'il n'ait pas laissé trop de choses à la bataille, a des chances pour rendre son monde heureux, — ou tout au moins pour ne pas se plaindre trop haut d'une de ces infortunes dont les avocats disent en se drapant : « Eh! messieurs les juges, cela devait arriver! »

Avec M. Bertillon et les bons Suisses, c'est Bartholo qui triomphe.

L'amour peut tenir encore, selon le proverbe, à un fil de ses cheveux gris; il est la sécurité, l'abnégation, le sacrifice dans le ménage.

Une Bartholote qui prendrait au contraire un jeune mari, le plus souvent d'ailleurs, est assez mince de morale; il exploite sa situation de coq, et promène sa crète orgueilleuse, son ergot toujours dressé, si bien que le divorce s'impose, que la vieille poule prise au pot conjugal, jalouse, furieuse, outragée, demande à la justice de la protéger et de l'affranchir.

A l'inverse, quand c'est Monsieur qui a trop blanchi et marché sous le harnais, il se tait; il a la crainte du ridicule et peut-être aussi un brin de sagesse; alors dans le ménage, on s'arrange comme on peut; le lit n'est plus le baromètre du bonheur conjugal, dont parle Balzac; mais, nul plaideur au moins ne pénètre dans l'alcôve : Monsieur a fait le silence sur elle.

Un homme marié sur le tard offre des aveuglements ou des héroïsmes que le fretin des maris présente rarement : La loi, l'ordre public, le décorum des sociétés en profitent.

Il ne faudrait pas cependant attribuer tout uniquement à cette navrante et admirable résignation

des maris sans mariage l'honneur de cette entente
de deux existences qui n'ont plus de points de con-
tact apparents, — de cette harmonie sans musique !

Compter vingt-cinq ans de plus que sa femme,
c'est une supériorité qui n'a rien d'enviable, j'en
conviens : même, elle prête à raillerie ; on ferait bon
marché de cet apport quoi qu'il ait bien sa puissance aussi.

Grâce à lui on passe homme heureux et maître, à
la fois au choix et à l'ancienneté.

L'École des maris, depuis Molière, ne va pas
sans encombre ; cependant ces années entassées
donnent à leur ingrat titulaire une assurance qui
est souvent tout le secret du bonheur.

Prendre une jeune fille, la former pour soi seul,
lui inculquer de l'estime pour les qualités dont on
peut être orné et du respect pour les défauts qui
vous déparent ; sans tyrannie ridicule mais sans
compromission la réduire à son expérience, c'est un
labeur qui exige quelque préparation.

Je ne suis pas loin d'accepter qu'une vieille maîtresse est une excellente référence, un stage parfait
pour le mariage.

Non pas celle de Barbey d'Aurevilly à laquelle on
retourne maladivement, mais la bonne fille avec qui
on a découvert que le cœur bat, que l'esprit se partage, que l'existence sans bêtises est encore plus
bête !

La statistique de M. Jacques Bertillon a de quoi

mettre du baume au cœur des vieux colonels de Scribe, des veufs attardés dans le veuvage, des viveurs qui s'oublient le long de ce divan de velours rouge, sur lequel, le bourgeois de Caperlac croit volontiers que nous cuvons nos chroniques, dans la compagnie de courtisanes au sein nu, qui lèvent au-dessus de nos têtes la coupe des voluptés et des champagnes mousseux.

Le mari d'âge est bon, il sait qu'il tient sa dernière partie ; plus assez fougueux pour s'abandonner, mais assez vert encore pour qu'on s'abandonne à lui, il sait contenir cet équilibre et garder cette moyenne où gît la probabilité du bonheur.

Les caprices et les fantaisies ne le trouvent ni gauche ni brutal : il a le calme du marin que ça connaît.

Je sais bien que le calcul de M. Bertillon a la *Smilis* de M. Jean Aicard contre lui ; mais il s'appuie sur la vie terre à terre, et sur le train-train commun ; il faut considérer les choses en face sans se payer de tirades. Elles sont à l'honneur du vieux mari qui sait diriger la joie de vivre.

Balzac que j'ai cité plus haut, s'est occupé dans sa *Physiologie du mariage* presque exclusivement de Monsieur, de son empire, de ses satisfactions, de ses moyens de défense contre les minautorisations ;

Récemment, on a publié le *Breviaire de l'amour expérimental*, par le docteur Guyot, qui établit que que la femme a droit, elle aussi, de ressentir et qu'il faut lui octroyer généreusement ce que vous savez.

Les deux docteurs ès-conjungo ont fait la maigre part au sentiment, à la délicatesse, aux procédés qui réclament bien leur tour aussi...

L'idéal est un mari capable d'user énergiquement des leçons de Balzac, de suivre les principes de Guyot et d'ajouter à cette pratique l'ascendant moral, l'autorité pysychologique.

C'est le rôle, et le pouvoir du mari de seconde jeunesse de réunir dans sa main, de faire manœuvrer et de ramener toujours à lui, sans en avoir l'air, les ficelles de cette adorable poupée, qui lui dira gentiment « mon ami », comme elle disait papa et maman.

Les femmes ne demandent qu'à se soumettre, l'esclavage heureux, c'est leur rêve.

Elles trouvent une douce langueur et une faiblesse exquise à être le roseau, quand elle sentent le chêne, à côté d'elles.

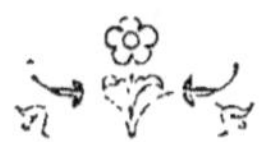

# LA FEMME QUI SAIT

Deux phrases survivront — d'un discours de M. Camille Rousset : l'une assez banale, l'autre assez fine.

Précieuses pour précieuses, les scientifiques me paraissent plus ridicules encore que les littéraires, a déclaré par-devant M. Pailleron l'immortel directeur pour trois mois, — un terme ; la différence qui existe entre les pédantes du dix-septième siècle et du dix-neuvième siècle, a-t-il ajouté, est la même qui existe entre l'hôtel de Rambouillet et les lycées de filles.

M. Camille Rousset trouve à la *Guirlande de Julie* du charme et de la grâce, le beau Cyrus est fait pour lui plaire, le demi-savoir qui vient de la ruelle lui sourit...

Pour moi, j'avoue préférer tout brutalement le savoir qui vient du banc de l'école et ne se gagne qu'avec un peu de craie aux manches et un peu d'encre aux doigts.

Certes, la précieuse n'est pas l'objet dont je rêve pour orner mes jours et mes nuits : mais entre deux précieuses, c'est encore à la « scientifique » (je maintiens cette tournure, en vigilant conservateur des expressions de M. Rousset) que je demanderais le plus volontiers :

— Mademoiselle, s'il vous plaît, du bonheur pour un !

On comprend, par exemple, que de pauvres espèces comme nous hésitent devant la science de cette demoiselle Agathe Hirschmann, qui, au dire d'une gazette allemande, a stupéfié tous les instituts d'Europe !

Depuis longtemps on cherchait la signification exacte du mot spintries, *spintriæ*, qui figure copieusement dans Suétone ; on se contentait de traduire *spintriæ* par débauches monstrueuses, et le problème à résoudre piquait à l'épiderme les savants graves...

En sentimentale et douce vierge blonde, M<sup>lle</sup> Agathe a pénétré le sens de certaines inscriptions relevées dans un corps de garde de Pompéi et a réussi à fournir des explications précises et irréfutables sur ces débauches qui devaient être d'un assez joli modèle pour être qualifiées de monstrueuses par les Romains de la dernière heure !...

Mais d'ordinaire ce n'est pas avec des enthousiasmes si bizarres qu'on sort du lycée de jeunes filles : aujourd'hui, la femme doit savoir, et l'on peut accepter la femme qui sait.

Ce qui éloigne et irrite, c'est l'ignorance pimpante et prétentieuse, c'est la gentille bébêtise que viennent bichonner quelques souvenirs de lecture, une date par-ci, un vieux vers ébréché par-là.

C'est l'oiseau léger qui volète et caquète sur toutes choses sans en connaître une ; c'est le bas-bleu élégant qui furète, intrigue, griffonne, rêvasse et vous soupire des fadaises, c'est la précieuse littéraire, chère au cœur de M. Rousset, qui tient son hôtel Rambouillet dans les coulisses du Gymnase ou qui broie avec amour du rose païen !

Avec la pédante littéraire qui traite l'esprit en chiffon, c'est tout-Paris, brillant, ridicule, idiot. Avec la pédante scientifique, il y a au moins quelque recours.

Étant donné que la femme devient *précieuse* sitôt qu'elle a l'air de sortir de ses plus précieuses attributions, une femme qui a travaillé, qui sait, qui est « la scientifique » anathématisée par l'Académie, paraît, malgré l'étalage agaçant qu'elle peut faire de ses études, malgré les travers qui la font remonter aux femmes de Molière, plus consistante dans le train-train de la vie, plus reposée, plus sûre.

C'est ici toute la supériorité du lycée de jeunes filles vilaine bâtisse, sur l'hôtel Rambouillet, adorable château de cartes !

Je sais bien qu'il y a la pudeur : cette pudeur que nous invoquons volontiers, nous autres, — quand elle n'a rien à faire avec le désir.

Moi-même, j'ai dit autrefois leur cas aux doctoresses, à M^{me} Perée, par exemple, la femme de l'acteur Raymond, qui passait sa thèse sur les épanchements chyliformes des cavités séreuses (!)

Mais les idées se transforment et les points de vue ; j'ai changé quelquefois, — ce qui ne veut pas dire, en dépit de cet oublié de Barthélémy, que je ne sois pas absurde.

Nous sommes loin du temps où certain duc original, d'un rigorisme pudibond, arrachait à ses filles les dents de devant pour qu'elles fissent naître moins de tentations, défendait à ses fermières de traire les vaches par égard pour leur chasteté, indiquait aux femmes dans quelle pudique posture elles devaient battre le beurre ou filer de la laine, et donnait aux garçons apothicaires la règle à observer pour concilier la décence avec leur sacerdoce !

Maintenant le nombre des femmes médecins et avocates ne se comptent plus : cette année on a vu même une femme se faire recevoir architecte : je ne lui jetterai pas la première pierre !

Elles peuvent, à cette heure, appeler un chat un

chat : la Rêvasserie dans le mariage y perd, mais la vérité, la sincérité y gagnent.

La femme « scientifique », c'est la mort de l'amant. Roméo peut retirer son échelle.

Si M^{me} Bovary avait su un peu de médecine, elle aurait demandé tout simplement un petit paquet de bromure à notre pauvre Chabovary !

Dans la dernière œuvre de Zola, apparaît dans toute son ampleur et sa portée la puissance que le savoir donne à la femme.

Cette Pauline de la *Joie de vivre* aime Lazare : mais elle a appris, elle sait, elle comprend où tend seulement son amour...

Elle n'équivoque pas, elle n'essaie pas de se tromper, et elle se dit : Ce n'est qu'un désir, je peux l'éteindre, je peux me sacrifier ; laissons épouser à Lazare, qui m'appartient cependant de par mille sacrifices, celle qu'il aime et qui l'aime autrement que moi...

Le soir, elle ne va pas accouder son désespoir à la fenêtre, elle ne songe pas aux étoiles compatissantes des précieuses littéraires !

Et dans ces crises de tous les nerfs qui jettent les jeunes filles à la faute et les femmes à l'adultère, elle attend le matin qui lui ramènera le calme, la sérénité dans le devoir et dans la vie !

Sachant, la femme s'enfonce davantage dans l'humanité, — qui n'est pas si noire et dégradante qu'on le veut bien. Elle laisse là les fredaines de la romance, l'élégie vide, l'influence du bleu dans la fidélité !

Savoir dégager l'X du bonheur, l'algèbre qu'on enseigne aux jeunes filles peut les y aider.

Plus la faridondaine des poètes et des romanciers, — même anglais, qu'on dit moraux et qui sont de cette immortalité nuageuse cent fois détestable ; plus la préciosité de l'éducation sucrée, superficielle, qui met de la poudre de riz à l'intelligence comme sur les joues, s'effaceront, plus aussi la femme sera grande, éclairée, moderne.

La discipline du lycée de filles combat cet abandon néfaste de l'enfant à la gouvernante — qui, trop souvent, est une épave.

Elle corrige cette pruderie hypocrite ; elle isole cette précieuse littéraire qui est une non-valeur dans l'existence, — valeur pour les éditeurs louches quelquefois, toute de mots — et de maux.

A la maîtresse, d'être une oie sous la peluche et le falbalas : à la femme de savoir et d'aider.

Et si même elles sont ridicules, « les scientifiques », mieux certes vaut encore le grotesque dans l'étude — qui est toujours une supériorité chez la femme que le grotesque dans le vide !

Il y a le mot de Bacon : on peut le parodier :

Peu de science chez la femme rapproche de l'avocat avocassant en séparation : beaucoup de science en éloigne.

La femme qui sait, qui est même la précieuse

« scientifique » y regarde à deux fois avant de
changer les choses ; elle se doute bien que l'homme
est le même partout, sous toutes les passions.

Avec la précieuse académique, celle à qui M. Camille Rousset fait l'hommage de sa malicieuse vieillesse, ce n'est que l'englûment de la belle phrase,
que le bouquet à Chloris, que le hasard des jours
d'orage et des chaises longues, contre lesquels Napoléon fulminait d'une si belle colère, entre Rivoli et
Iéna !

# LÉGENDE PARISIENNE

La pièce de Gyp, *Autour du Mariage*, m'a navré ;
non pas au point de vue du grand monde, mais au
point de vue de la Parisienne.

La pauvre poupée ! Est-elle assez calomniée,
creuse-t-on avec assez de mauvaises intentions le son
qui la gonfle !

Nos auteurs, nos humouristes et nos philosophes
s'accordent pour faire de la Parisienne, la chose la
plus misérable qu'il soit. Nous avons l'air de tourner
à perpétuité dans l'absurde et le ridicule : la Parisienne absorbe la Française.

Les qualités, les vertus mâles de toutes les Gau-
loises se résument, dirait-on, dans le frou-frou, dans
l'insipide mièvrerie, dans la curiosité pornogra-
phique de quelques détraquées.

La vie de Paris, considérée de la sorte, c'est la vie bête ; bête, côté du cœur, bête, côté des sens, bête, dans toute l'expression rapetissante du mot.

Un journal s'est fondé pour présenter au public, — à l'étranger, ce produit extraordinaire.

Par antiphrase, cette machine s'appelle la *Vie parisienne*. C'est d'après ce recueil, — nu dans l'esprit comme dans le dessin, — que l'on juge les femmes et les jeunes filles, tout le long des bibliothèques de chemins de fer.

Mon Dieu ! je ne veux pas m'orner du bonnet de coton prudhommesque — quoiqu'on en médise très souvent ; je ne veux prêcher aucune croisade, je ne veux nuire à aucun commerce. Mais qu'on suppose un instant cette vie parisienne telle que la représentent les crayons et les plumes de chez M. Marcellin :

Paris tout entier serait alors cette chose que seul M. Bordenave a osé nommer.

Ce qui montre toute l'inanité de cette convention, tout le voulu de ces faiblesses, c'est que la vie parisience, qui change au jour le jour (à cette heure il ne faut plus être de son temps, mais de son mois et de sa semaine), est portraicturée par les écrivains d'aujourd'hui comme elle l'était par ceux d'hier.

Les treize ans qui se sont écoulés entre l'éblouissement des Tuileries et leur destruction, n'ont amené aucun changement chez la femme ondoyante et diverse, chez celle dont le nom est fragilité, comme dit le Shakespeare de lieux communs !

A cette heure la photographie d'une Parisienne ressemble à celle que les aînés à cheveux blancs ont tirée déjà — d'une chambre vraiment noire. La Paulette de Gyp ne diffère en rien des Poulettes que *Thomas Grindorge* relevait il y a belle lurette dans la vie parisienne.

Madame de Martel se rencontre ici avec Taine. Elle fait comme le philosophe, comme l'historien, une esquisse de chic.

Taine alors disait volontiers que les trois emplois d'une Française se résument ainsi : boutiquière, femme du monde ou lorette.

Lui aussi, — que d'encre répandue depuis ! affirmait que la Parisienne est un petit hussard déluré, un gamin avisé et hardi, que rien ne démonte et à qui ne manque que le sentiment du respect.

Le Thomas Graindorge de Taine trouvait déjà que chez la Parisienne les idées viennent trop vives et nettes, qu'elle est éprise d'indépendance et que la subordination l'étouffe.

Taine, lui aussi, avait tracé cette scène d'intériéur : Le père à table dit qu'il aime je ne sais plus quoi, et la fille l'interrompt en lui disant : Papa, tu tiens de moi. Un bébé de trois ans joue à la poupée dans un coin, et l'oncle qui arrive lui demande ce qu'il fait là : « Mon oncle, ouvre les yeux, et tu verras bien ».

A trois ans, — c'est Taine lui-même qui précise ainsi,

elle fait déjà sentir à son oncle que l'oncle est un imbécile.

Tout cela a été une satirette juste un moment. Par malheur, la tradition se prolonge et s'incruste ; ce qui avait ressemblé à une vérité dans les notes et observations du Thomas Graindorge de Taine, paraît aujourd'hui rengaine et poussière dans les œuvres de Gyp.

Des générations d'écrivains et de psychologues vivent sur cette antiquaille.

Les Parisiennes, telles que les juge Thomas Graindorge et telles que les exécute M<sup>me</sup> Gyp (Taine et M<sup>me</sup> de Mirabeau-Martel ont également choisi le journal de M. Marcellin pour réceptacle), sont de bien lamentables petites choses !

Il ne faudrait pas qu'on crût pourtant à ces portraits-charges, et qu'on tînt pour documents ces jolies fantaisies.

Elles ont beau tourmenter le chiffon jusqu'à tomber dans les *Lionnes pauvres*, d'Augier, et se rapprocher des types les plus cruels de Balzac : courir le rallyepaper jusqu'à donner le coup de canif dans les papiers du contrat, — elles ne sont pas les machinettes à plaisir, les cervelles au vent qu'on veut bien.

Elles n'ont pas toutes si joyeusement le cœur sur la main gauche !

J'exagère peut-être cette bonne opinion des Parisiennes, mais il vaut mieux, à mon sens, les voir meilleures que condamnables avec préméditation.

Parbleu! chez nous, tout est dit, quand on a écrit :
c'est une Parisienne !

Allez donc voir si les nerfs et les vices gentils
valent mieux à Londres, à Vienne, à Berlin ou à
Strasbourg !

Mais nous nous sommes fait un genre de lapider
tout ce qui est de chez nous, tout ce qui pousse sous
le ciel de Paris. Parisienne? Ah ! oui, c'est Marie
Bière et c'est Nana, et c'est Paulette.

Je m'interdis positivement de croire à cette bonne
blague. La drôle d'originalité que de poser pour les
pêches à quinze sous !

D'un côté, rien que des Madeleines repenties, de
l'autre, rien que des Madeleines qui auront à se
repentir.

Quand, d'aventure, un auteur risque au théâtre
une femme ou une jeune fille qui échappent à l'alcôve, on crie à l'invraisemblable.

On n'admet plus une Parisienne à sa place, dans
son coin, paisiblement.

Elle devient tout de suite horizontale...

Il n'y a plus que des mères et des filles Michel qui
perdent leur chat !

Les épousées ne sont que des cocodettes inassouvies ; les maris des imbéciles qui ne savent même
pas se ménager une nuit de noces sans encombre,
les jeunes gens, des chiens qui aboient après l'amour.

Dans la vie, la Parisienne semble se promener

comme les levrettes en paletot, au hasard des aventures bestiales, dans le jardin des Tuileries.

Je n'en crois pas un mot.

Pour peu que cette légende se perpétue, qui dira Parisienne dira réprouvée ; et à ce compte-là, mieux vaut encore être de Pont-à-Mousson !

Dans les scènes de la vie de province, les M<sup>me</sup> de Bargeton et les M<sup>me</sup> Bovary demeurent encore une exception...

A Paris, le danger est qu'on veut faire prendre quelques oiseaux malades pour toute la volière !

# LA ROMANCE DE LA ROSE

Maintenant que la critique est satisfaite et que l'admiration a trouvé son compte d'encens, je voudrais bien savoir ce que le bon public pense de *Denise* la pièce nouvelle de M. Alexandre Dumas.

Non que je respecte outre mesure ses préjugés et veuille encourager ses routines : mais je prétends qu'en l'espèce ses cris de paon n'auraient pas tort.

Quand l'auteur du *Fils naturel* combat vaillamment pour cette idée noble et généreuse que l'homme qui a reçu le premier amour et le premier abandon d'une jeune fille demeure son éternel débiteur, je suis avec lui.

Il a contribué avec une rare puissance, avec une audace superbe, à établir les devoirs et les responsabilités de l'amant qui s'enfuit, laissant derrière

lui la honte et l'épreuve, — le crime, peut-être; —
il est pour beaucoup dans les murmures qui acca-
blent à cette heure le père dénaturé, dans les progrès de la conscience.

Mais je doute qu'aujourd'hui, avec la thèse qu'il
produit dans *Denise*, il ait raison des répugnances
ancrées, — car elles sont légitimes.

Il ne s'agit plus cette fois de déloger du cœur un
égoïsme féroce, d'écraser d'inacceptables erreurs
en faisant un appel retentissant à la pitié, à l'humanité, à la justice, au bien, aux tendresses pures que
doit inspirer l'innocent, qui pleure dans des langes
sans nom; il s'agit d'extirper de nous un sentiment
enraciné au plus profond, bien excusable, qui invo-
que pour s'expliquer les raisons les plus belles, le
respect de la famille, des traditions pieusement gar-
dées, du bonheur, et qui au demeurant fait souffrir
celui-là seul qui l'éprouve.

Selon M. Dumas, un honnête homme quelconque
ne doit pas hésiter à épouser la jeune fille qui a
failli, même quand elle a eu son petit, même quand
son premier amant vit, même quand il le connaît,
même quand il lui serre la main :

Le comte de Bardannes ne devait pas réfléchir un
instant, trop heureux encore de recevoir Denise des
bras de M. de Thauzette!

Je comprends que Mlle Barberousse, du sein de
son club, ait envoyé hier à Dumas une adresse de

félicitations : cette théorie, en effet, a bien mérité de l'Anarchie.

On a le droit d'exiger d'un homme qu'il reste fidèle aux promesses solennelles échangées en aimant, qu'il soit le père de l'enfant né de lui et qu'il relève la mère qui l'a fait.

... Mais qui acceptera jamais de considérer comme un devoir, comme une obligation sociale de fermer les yeux sur le passé de la femme à laquelle il va se confier tout entier, de ne se préoccuper trop ni de cette âme qui a pu donner le meilleur d'elle, ni de ces lèvres qui ont pu donner leur meilleur baiser.

Qui s'imposera cette folie de commencer la vie longue, qui n'est supportable que par l'éternelle illusion, avec une réalité mortifiante et bouleversante malgré tout, derrière soi?

Qui, de sang froid, en épousant une jeune fille, renoncera à ne pas trouver la jeune fille dans l'épousée?

Qui se résignera à penser de la vierge rêvée et voulue ce qu'on pense de la veuve?

Qui, élevé dans cette mesquine et ridicule opinion que la famille se fonde sur l'innocence, que la fleur à cueillir est une joie, — sinon toujours un plaisir, un honneur, une sauvegarde, ira de propos délibéré, par système, fièrement, avec la satisfaction d'une tâche accomplie, transplanter chez lui la roseraie flétrie, et s'agenouiller devant la rosière sans rose?

Allons donc! En ce temps seulement où l'on fait

du beurre sans lait et du vin sans raisin, on pouvait avoir l'idée de faire du bonheur pur sans pureté.

Ceux qui ont grandi dans le respect de la morale du bon vieux temps trouvent étrange et scandaleuse la morale prêchée aujourd'hui ; la pièce de M. Dumas leur paraît plus dangereuse, plus offuscante sous ses apparences généreuses, sous son christianisme sophistiqué, que les brutales malpropretés où se complaisent et qu'osent apporter au public les directeurs du Palais-Royal.

Il y a là, en effet, de quoi inspirer une répulsion véritable.

S'il est une chose qui demeure vivace au cœur de l'homme, c'est cette croyance dans la sérénité, dans la sainteté, — je risque la grosse prudhommerie, dans la sainteté du mariage ; il a beau déclamer et poser, — il y vient.

Et lorsque harassé de la vie d'aventures, en état de faire un homme et d'avoir encore des prétentions, il rêve d'épouser une honnête fille ; lorsque écœuré il se retourne vers le foyer et vers l'existence calme, avec l'ambition de se trouver la compagne digne et chaste, M. Dumas arrive et lui dit :

Mon cher, vous êtes un sot, il faut épouser une drôlesse, c'est la première condition du bonheur ! Il n'y a qu'elles pour devenir de braves créatures, des femmes étonnantes, des mères dévouées !

Des drôlesses, on s'en sert, on se les repasse, il en est même qui en vivent, mais on les laisse sur le tas.

En contraignant M. de Thauzette à épouser Denise qu'il a séduite, M. Dumas donnait l'œuvre morale, inattaquable, et qu'il était du devoir de tous de soutenir : la vérité, c'est le vieux Brissot qui la dit, lorsqu'il prévient Fernand que sa mère n'a qu'une heure pour venir lui demander la main de Denise.

Faisant épouser Denise par le comte de Bardannes, et invitant les gens de cœur à suivre cet exemple, il est dans l'audace détestable.

Je sais qu'il se consolera de cette appréciation, — s'il daigne interrompre un jour, pour la connaître, la lecture de la *Gazette de la Hongrie,* en se disant qu'il est un grand prophète.

Singulier prophète, en vérité, préconisant, sous prétexte de progrès, la fin de toute espérance et de toute aspiration, le désordre et le monde renversé.

La lettre enthousiaste de M^lle Barberousse m'étonne de moins en moins, quand je songe aux contradictions bizarres que renferme ce drame rédempteur.

M. Dumas, d'un côté, prêche la chasteté pour l'homme, dans la bouche de Thouvenin ; de l'autre, il n'a qu'indulgence, admiration, respect pour les jeunes filles qui, comme Denise, ont perdu ce bien indispensable qu'il a lui-même, naguère, dénommé un capital.

N'est-ce pas là en effet ce monde renversé dont je parle ?

Lui, contre l'ordinaire, contre l'usage piteux, —

mais admis, un ange ; c'est à lui de se conserver intact, vierge et rosier...

Elle, vagabondant à loisir, devenant meilleure par l'expérience, ayant l'habitude et la pratique de la petite chose, elle, bon diable, elle, bon bougre !

C'est à cette métamorphose que tend M. Dumas ; voilà ce que propose le philosophe qui a déclaré un jour que le théâtre pour lui n'est pas un but, mais un moyen ! Voilà ce qu'il décore du nom de progrès et de prophétie !

O les contes de la mère l'Oie ! la vérité est en vous !

A l'homme qui en arrive à produire de pareilles conclusions, les unes qui vous font reculer, les autres qui vous font sourire, je préfère celui qui a dit carrément : Tue-la.

# TABLE

Imprimerie ÉMILE COLIN, à Saint-Germain.

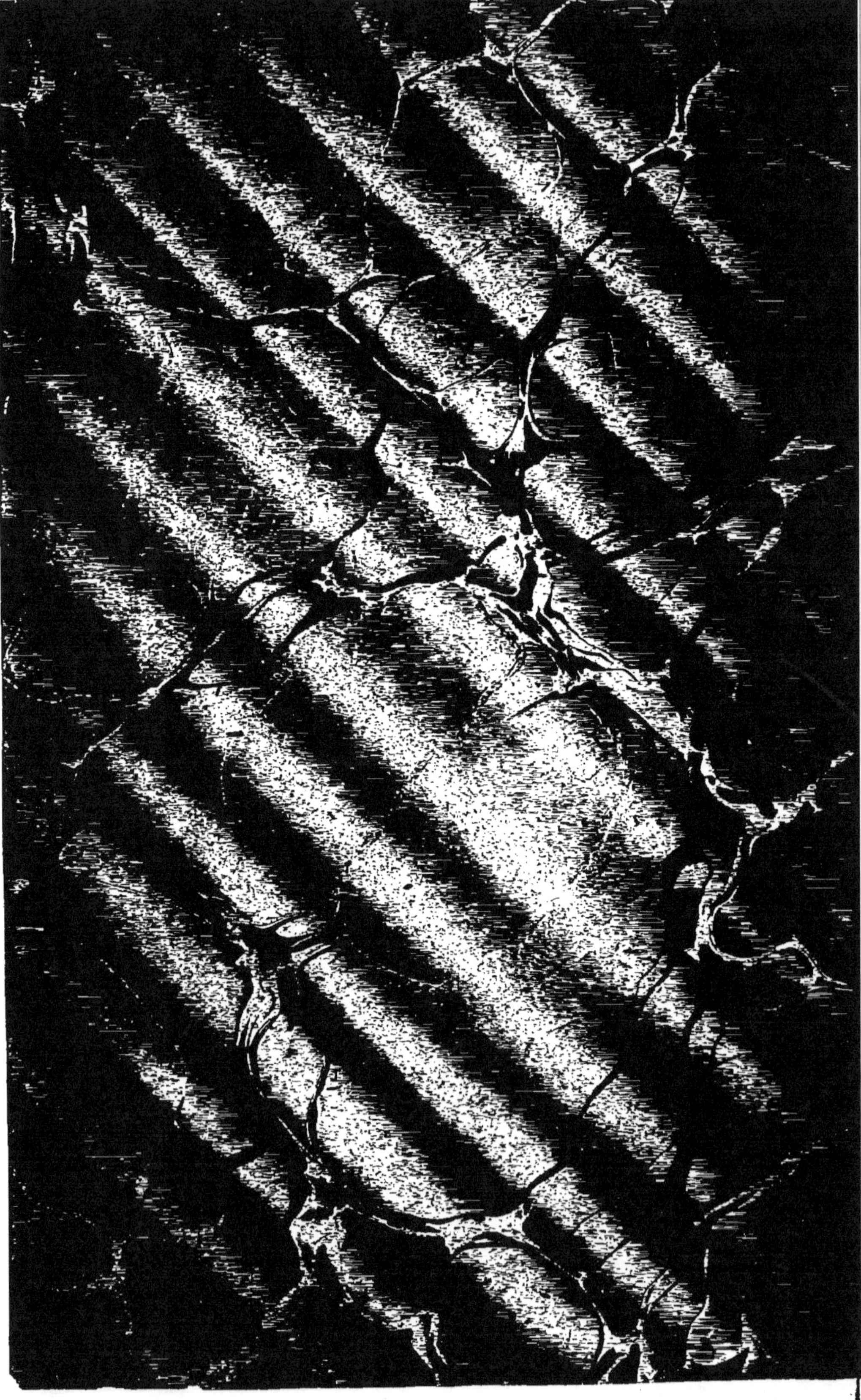